JN409307

라인 강에서 띄우는 문학 산책

Literarische Wanderung entlang des Rheins

라인 강에서 띄우는 문학 산책

Literarische Wanderung entlang des Rheins

소피아 徐正姬

국제펜클럽한국본부

■ 책을 내면서

모든 것을 내려놓는 나이, 반백년을 살아 온 라인 강 기슭에서 내 삶과 동반한 독일문학을 산책하며 띄운다.

돌아보면 세계적 대문호 '괴테'가 그렇고 노벨 문학상을 수상한 '헤르만 헤세'와 '넬리 작스'의 삶의 편린들을 통한 문학 작품을 독자들과 보다 친근할 수 있도록 엮었다.

이 책이 나오도록 여러분들의 지도편달과 아낌없는 격려가 있었다.

일회용 원고로 끝날 줄 생각하고 가볍게 시작한 졸고를 3년간《수필시대》에 연재하여 이렇게 책으로 상재할 수 있도록 해 주신 성기조 박사님, 특히 시인 초이 김양식 인도박물관 관장님, 수필가 정명숙 선생님, 조화선 박사님, 발문을 써 주신 최종고 교수님, PEN 편집장 김율희 님 그리고 유래 없는 더위에도 아낌없는 노고를 해 준 이노나 님께도 심심의 감사를 드린다.

2016년 8월

소피아 徐正姬

■ 차례

1부 라인 강에서 띄우는 문학 산책

2부 독일 속의 한국문학

1부

라인 강에서 띄우는 문학 산책

라인 강에서 띄우는 문학 산책 1

삼가 성기조 박사님께

그간 편안하시길 바랍니다. 저는 부메랑처럼 이곳 독일에 무사히 원대原隊 복귀하였습니다. 한국은 이곳 독일보다 8시간 앞서가는 동쪽이어서 한국에서 모두 일어나 일상에 임할 즈음 이곳에서는 잠자리에 드는 시간입니다. 그러다 보니 한국에서 독일에 돌아오면 생활의 리듬이 정신적으로나 육체적으로 갈피를 못 잡고 8시간 아닌 8일이 지나서야 서서히 시차에 적응한답니다.

정신을 차리고 돌아보니 이번 한국 나들이는 꿈만 같습니다. 60여 년을 가슴에 묻어 두고 있던 숙원宿願을 한달음으로 속 시원하게 풀어 주신 시집詩集 상재와 곁들여 평설을 써주신 과분한 영광 감사하며 기리겠습니다.

저는 보았습니다. 그리고 감격했습니다. 문학에 대한 사랑과 열정으로 문학에 뜻을 둔 주변 사람들에게 따뜻한 마음으로 베풀어 주시는 성 박사님의 모습에서 제가 늘 마음에 담아 존경하는 안나 아말리아(Anna Amalia, 1739-1807) 공작부인(Herzogin)의 재현을 본 것입니다.

해박하고 풍성한 지식을 나눔으로 베풀고 계시는 성 박사님께 고개가 절로 숙여집니다. 늘 우리나라에도 안나 아말리아 같은 분이 없을까 하고 장님이 흰 지팡이로 세상을 더듬듯이 문단 곳곳을 더듬고 있었습니다. 그 더듬이는 결코 헛되지 않아서 드디어 성 박사님을 만난 것입니다.

손을 뻗치면 금방 닿을 수 있는 지척에 계셨음에도 저가 헛짚고 다닌 장님이었으니 한심한 저 자신이 부끄럽기 이를 데 없습니다. 하지만 저의 우매함을 너그러이 받아 주시고 시인으로 거듭나게 하여 주시어 감사드립니다.

오늘 성 박사님께 소개하고 싶은 사람은 안나 아말리아 공작부인입니다. 이 부인은 성 박사님처럼 예술과 문학과 철학 등 지적 분야와 학구적인 분야에 뜻을 둔 사람이면 남녀노소 그리고 상하 계급에 관계없이 문을 활짝 열어 문호 개방을 하였을 뿐만 아니라 그들에게 물심양면으로 뒷받침하기를, 그 옛날 250여 년 전에 실행하였답니다. 그리하여 쓰러져가는 바이마르 군주국을 구라파의 문화 도시로 거듭 나게 하고 독일 낭만주의 문학의 기틀을 마련하여 근대 독일문학의 요람을 만든 것입니다. 독일이 낳은 대문호 괴테와 쉴러는 바이마르의 고전이자 세계의 고전입니다. 만약 안나 아말리아가 없었더라면 독일 문학의 판도가 어떻게 되었을까요?

괴테가 바이마르에 올 당시(1775년) 바이마르는 겨우 인구 6천여 명으로 별로 내세울 것 없는 아주 작은 도시였다고 합니다. 불과 26세의 장래가 촉망되는 젊은 시인이자 소설가 괴테가 바이마르에 오게 된 배경은 무엇이었을까요? 괴테는 바이마르에서 장장 57년간 살다가 1832년 83세 나이로 타계한 뒤에도 바이마르 궁 납골당 안 석관 속에 안치되어 있습니다. 그러니 괴테 하면 바이마르, 바이마르 하면 안나 아말리아 공작부인을 연상 않을 수 없는 것입니다.

바이마르는 그 당시 구라파의 통상 루트에서(12세기 지중해 통상이 활기를 띠면서 베니스에서 시작하여 북구라파로 연결되었던 것) 벗어나 있었으므로 경제적으로 매우 낙후하였던 지역이었지요. 겨우 농업과 목축업 그리고 약간의 토기 생산이 당시 이 지방의 유일한 산업이었습니다.

겨우 군주국 명맥을 유지하고 있던 중 바이마르의 황금기를 마련하는 계기가 찾아오게 된 것은 바로 안나 아말리아라는 한 여인으로 이루어지게 되었다고 할 수 있습니다.

안나 아말리아
(Anna Amalia, 1739-1807) 공작부인

안나 아말리아는 '브라운슈바이크' 지역의 작은 영주의 딸로 태어나 일찍 문학, 철학, 예술에 관하여 남다른 재능과 관심을 가졌었다고 합니다. 16세의 나이로 바이마르의 영주와 결혼을 하였으나 불과 7년 뒤 영주가 병으로 사망하고 말았습니다. 그리하여 그녀는 23세의 젊은 나이(1759년)로 바이마르 군주국을 직접 통치하지 않을 수 없게 되었습니다. 이 시기 바이마르는 궁중 건설과 상당한 채무로 전전 긍긍하였던 것입니다.

하지만 안나 아말리아가 통치한 16년(1759-1775)동안 바이마르 군주국은 놀라울 만큼 재정 사정이 호전되었고 사회 분위기 또한 안정되었습니다.

특히 그녀는 안목이 넓고 식견이 높아 당시 구라파 사조의 흐름을 잘 파악하였으며 무엇보다 문학, 예술, 철학, 사상에 대한 올바른 인지도認知度로 하여 다윈(Darwin)의 진화론인 끌어드림, 곧 흡인吸引으로 세상을 보듬었답니다. 워낙 그녀는 성격이 소탈하고 신분에 관계없이 학식이 있고 재능이 있는 사람이면 거리낌 없이 만나 대화하기를 좋아했다고 합니다. 이러한 안나 아말리아는 그녀의 아들 칼 아우구스트(Karl August, 1757-1828)의 개인 교수로 빌란드(J.G.von Wieland, 1733-1813)를 초빙(1772)하였답니다. 빌란드는 그 당시 독일에서 문학과 철학으로써 명성을 떨치고 있었으며 프랑스의 계몽사상에 심취하였던 매우 진취적인 석학이었습니다. 3년간 빌란드로 하여 사사師事한 칼 아우구스트는 18세의 나이로 영주에 즉위(1775)하였으며 즉위 즉시 자기보다 8세 연상인 괴테를 바이마르로 초빙(1775)하였습니다.

라인 강에서 띄우는 문학 산책 2

이렇게 하여 장래가 촉망된 젊은 시인 괴테가 보잘것없고 내세울 것 없는 바이마르에 오게 되어 그 재능과 역량을 더욱 발휘하게 되었습니다. 그 이듬해(1776년) 괴테의 추천으로 당시 구라파에서 명성이 자자한 철학가이며 신학자 그리고 시인인 폰. 헤르더(J.G.von Herder, 1744-1803)를 바이마르로 초빙하여 정신적인 행정관리를 위시하여 지도자로 삼게 되었습니다. 그리하여 괴테와 헤르더는 평생의 문우文友가 되었습니다.

괴테가 처음 바이마르에 왔을 때 그는 안나 아말리아 중심으로 형성되어 있는 문인 동우회를 만나게 되었고 그 모임에서 샤를롯테 폰 슈타인(Charlotte von Stein, 1742-1803)을 알게 되었습니다. 7살 연상인 샤롯테에게 호감을 갖고 사랑하게 되어 괴테가 바이마르에 머물게 된 동기의 한 몫을 하였던 것입니다. 괴테의 그 사랑은 자그마치 12년을 끌고 1,500여 통의 편지를 보낸 사실 만으로도 괴테가 얼마나 집요하게 그녀를 사랑했는가를 알 수 있습니다. 샤를롯테 폰 슈타인은 7명의 아이를 낳은 재색才色을 겸비한 귀부인으로 예술과 문학에 조예가 깊고 특히 피아노 연주를 출중하게 잘 하였다고 합니다. 그러나 그녀는 괴테에게 관습의 주요성과 사회생활의 미덕에 대하여 가르치며 미더운 누이의 관계를 유지하였던 것입니다.

안나 아말리아는 빌란드, 헤르더 그리고 괴테와 어울리기를 매우 좋아하고 그녀는 자기의 궁에서(스스로 과수궁이라 칭하였음) 그들과 정기적으로 모여 문학, 미술, 건축, 사상 등의 대화를 나누며 함께 독서회 또는 시 낭송회를 개최하였답니다. 뿐만 아니라 그들과 함께 궁중극장 공연 작품을 선택하고 극장 운영에도 깊이 관여 하였답니다. - 심지어 안나 아말리아는 그들과 정기적으로 카드놀이까지 했다고 하니 그 당시의 내노라하는 석학들과 허심탄회하게 지내는 분위기를

괴테(Johann Wolfgang von Goethe, 1749-1832)

샤를롯테 폰 슈타인 (Charlotte von Stein, 1742-1903)

가히 짐작을 하고도 남습니다. 그 당시 안나 아말리아는 오로지 예술을 위한 열정으로 지엄한 남녀의 벽을 허물고 신분의 차별을 허물고 과감하게 예술 발전과 문화개방의 선봉자가 되었던 것입니다.

이리하여 그 시절 모차르트의 가극이 가장 많이 공연된 곳이 바로 바이마르라고 합니다. 이렇게 궁중에서 시작된 문화 발전의 꽃이 서서히 서민계급에도 그 열의가 확산되어 피기 시작하였답니다. 서민층에서도 문학 동우회가 많이 생겨 독서회 시 낭송회들이 개최되고 동시에 궁중 극장에서 개최하는 공연을 열렬히 관람하게 되어 국민의 문화 의식이 높아졌다고 합니다. 심지어 서민 가정주부들의 뜨개질

안나 아말리아는 빌란드, 헤르더 그리고 괴테와 어울리기를 매우 좋아하고 그녀는 자기의 궁에서(스스로 과수궁이라 칭하였음) 그들과 정기적으로 모여 문학, 미술, 건축, 사상 등의 대화를 나누며 함께 독서회 또는 시 낭송회를 개최하곤 하였다.

문학모임을 한 공작부인 거실

모임에서도 시 낭송회, 독서회가 성행盛行하였다고 하니 그 당시의 바이마르의 분위기를 여실히 짐작하고도 남습니다. 이 분위기는 천파만파 급속도로 파급되어 독일뿐만 아니라 전 구라파로 번져갔다고 합니다.

인간을 진화하게 하는 요인은 곧 예술이라고 하는데 동시에 예술로 바이마르는 장장 50년간이나 유럽정신문화사에서 가장 위대한 시대를 창출한 것입니다. 이 흐름에 힘입어 자연 발생적으로 대형 출판사가 바이마르에 등장한 것도 당연한 결과라고 하겠습니다. 바이마르에서 출판된 서적들은 독일 전역으로 보급되었으며 독일 여타 지역의 가난한 문인들이 바이마르로 물밀 듯 모여들었다고 합니다.

이 무렵 괴테의 저택에서 피아노를 연주할 수 있는 영광을 얻고 바이마르에 왔던 젊은 피아니스트 로벨르트 슈만(Robert Schmann, 1890-1900)은 “바이마르는 독일 예술인들을 엄청나게 끌어들이고 있다. 이는 역사에서 그 유례를 찾아볼 수 없었던 일이다”라고 일기장에 기록하여 그 시절의 분위기를 여실히 알 수 있는 자취를 남겼습니다.

아리스트텔레스(원전 384-322)의 『시학詩學』에서 주장한 시詩는 첫 번째 원리로서 모방과 충동이며 어릴 때부터 인간의 본성에 내재된 모방과 습관으로써 일에 기쁨을 얻고 그 기쁨은 곧 시詩의 기원이라고 했습니다. 인간에게 기쁨을 주는 예술은 인간을 진화하게 하는 요인이며 동시에 그 진화의 산물인 것입니다. 콜링우드(1889-1943)는 인간의 역사만큼 오래된 것은 예술이며 문학은 언어예술로써 인간의 원초적 기본적 정신 활동이라고 했습니다.

그렇습니다.

괴테는 전례 없는 다재다능한 인물이었습니다. 일찍이 그 능력을 알아보고 마음껏 발휘할 수 있도록 그 여건을 충족시키고 뒷받침을 하여 대문호를 이룩한 것은 안나 아말리아가 있었기에 가능한 것이라고 하고 싶습니다.

이렇듯 250여 년 전 독일 바이마르에 예술을 위하여 심신心身을 아낌없이 이바지한 안나 아말리아가 존재했던 것처럼 지금 우리 곁에서 성기조 박사님께서 평생을 바쳐 물심양면으로 문학을 위하여 베풀고 노심초사하고 계시니 저 1929년 3월 28일 일본 요코하마항港을 출발하기 직전에 나라를 빼앗기고 고통 받는 한국을 위하여 4행의 짧은 시를 우리 가슴에 심어준 시성詩聖이며 예언자, 노벨 문학 수상자이신 타고르(Gurudev Rabindranath Tagore, 1861-1941)의 명시가 생각납니다.

> 일찍이 아세아의 황금시대에
> 빛나던 등촉의 하나인 조선
> 그 등불 한번 다시 켜지는 날에
> 너는 동방의 밝은 빛이 되리라
> -타고르「동방의 등불」전문-

그렇습니다. 성 박사님께서 뿌리신 씨앗의 결실이 머지않아 동방의 빛이 되어 세계화에 이바지할 대문호가 탄생할 것입니다.

라인 강에서 띄우는 문학 산책 3

저는 바이마르를 방문하고 대문호들이 살았던 혼과 발자취를 찾아 보면서 우리의 자랑스러운 선조 다산 정약용(1766-1836)을 연상했습니다. 그는 괴테와 거의 같은 시기의 인물로 문학, 철학, 법학, 경제학, 의학 등에 관한 많은 문헌을 남겼는가 하면 또한 서예가였습니다. 그뿐만 아니라 그는 한강에 부교를 설치하였고 수원성을 설계하여 그 공사를 감리하고 기중기를 제작하여 시범해 보였던, 괴테에 못지 않은 다재다능했던 분입니다. 천문학, 농정, 지리, 측량 등 앞서가는 서양 지식을 얻기 위하여 서학에 접근했다가 불행하게도 18년의 긴 유배생활을 했습니다. 만일에 그 당시 안나 아말리아 같은 후견인이 배후에 있어서 바이마르와 같은 분위기를 조성하였더라면 우리나라의 지적 문화적 위상이 독일 못지않게 발전할 수 있지 않았을까 하는 생각이 듭니다.

어찌 다산뿐이겠습니까 연암 박지원(1735-1805), 박제가(1750-1805) 또한 괴테와 같은 시대의 석학이요 문인들입니다. 그들은 서양의 발전된 학문을 도입하여 배타적이었던 당시의 사회 질서를 개혁하려다 희생된 불우한 사상가들입니다. 이들이 바이마르와 같은 환경에 처했더라면 마음껏 그 재능을 발휘할 수 있었을 것입니다. 참으로 애석한 비극적인 역사의 한 장입니다.

이런 위대한 조상의 재능을 이어 받은 우리 국민은 현재 IT를 위시하여 음악, 미술, 체육, 과학 등 세계에 그 위상을 떨치고 있으나 아직 우리 문학이 그 빛을 발하지 못하고 있어 안타깝습니다. 하지만 타고르의 예언이 적중할 그날이 머지않았다고 생각합니다.

한편 다산 정약용은 괴테와 같은 시대에 살았습니다. 그러나 절대 군주시대에 안나 아말리아의 눈부신 예술 사랑과 문호개방에 힘입어 독일 문학의 상징적인 괴테를 위시하여 빌란드, 헤르더, 뒷날 쉴러와

괴테 거실

괴테 서재

더불어 당대 저명했던 문학가 사상가들이 바이마르에 모여 독일 문학의 최고봉을 이루었습니다. 이때 바이마르에 출입했던 명사들의 면모를 보면 훔볼트 형제들을 위시하여 슐레겔, 헤겔, 실링, 휠델린, 쟝 파울, 노발리스, 하이네, 그릴파르쳐, 탁케리, 밀크비치, 슈콥, 스텔 등 이루 다 헤아릴 수 없는 실로 당대의 구라파 석학과 문학가, 사상가들이 총 집합하였던 것입니다. 다윈의 예술의 원리처럼 이 분위기에 이끌려 쉴러 또한 1787년에 바이마르에 오게 된 것이지요.

"이 세상 어느 곳에 이렇게 작으면서 이처럼 좋은 것들이 많은 곳이 또 있을 수 있을까요? 이곳은 세계로 통하는 모든 문과 길이 활짝 열려 있습니다."라고 괴테가 에커만(J.P.Eckermann)을 바이마르에 오도록 설득한 말입니다. 에커만은 1792생으로 괴테보다 43세나 연하였습니다. 그는 1823년부터 괴테의 말년 작품을 대필한 사람이며 『괴테와 나눈 이야기』라는 산문집을 남겨 뒷날 괴테를 연구하는 사람들에게 더할 수 없는 도움을 준 사람입니다.

대문호 괴테는 83년의 생애 동안 『젊은 베르테르의 슬픔』의 베스트셀러 작품으로 시작하여 일약 유명한 작가로서 군림하게 되었으며 헤아릴 수 없을 만큼 많은 주옥같은 작품을 남겼습니다. 특히 57년간(초고 1775~1832년 완성) 쓴 『파우스트』 같은 대작을 위시하여 폭넓은 작품을 내놓아 독일 문학을 세계적인 문학으로 끌어 올렸습니다.

"나는 18살이 아닌 것이 기쁘네. 내가 18살 때 독일이라는 나라는 18살 밖에 안 되어서 무슨 일이든 모두 다 할 수 있었지. 나는 모든 것이 다 이루어진 시대에 사는 젊은이가 아니어서 행복하네."라고 말년의 괴테가 비서 에커만에게 한 말입니다. 독일이란 나라가 18살이라는 것은 물론 비유입니다. 그 당시 독일은 300개 넘는 고만고만한 크기의 군주국으로 이루어져 있었으며 문화적으로나 정치적으로 프랑스나 오스트리아 보다 뒤쳐져 있었던 현실을 비유한 것입니다.

나폴레옹이 몰락한 후 19세기 초기의 독일은 드디어 39개의 군주국가들로 재편성 되면서 독일민족이라는 하나의 정체성을 갖게 되었습니다. 괴테의 말년이 이 시기에 해당되는 것입니다. 괴테가 살았던 시기는 계몽주의를 위시하여, 프랑스 혁명, 나폴레옹 전쟁, 미국독립혁명, 민족주의 확산, 산업 혁명 낭만주의 대두 등 세계사적 격동기이었습니다. 괴테는 이 격동기의 한복판에 살면서 문학적 깊이와 넓이의 자양분을 얻어 절후의 대작을 남겼습니다.

한편 괴테보다 10년 연하인 요한 크리스토프 프리드리히 폰 쉴러(J.C.Friedrich von Schiller, 1759-1805)는 고전주의 극작가, 시인, 철학가, 역사가, 문학 이론가로서 바이마르에 와서 빌란드와 헤르더를 만나게 되었으며 그들의 주선으로 괴테(1787년)를 만나게 되었습니다.

그 당시 괴테는 바이마르의 교육행정을 총괄하고 있으면서 예나 대학의 운영도 맡고 있었습니다. 괴테는 쉴러의 박식하고 진보적인 역사관에 매료되어 그를 무급 예나 대학의 역사 교수로 임명했으며 쉴러와 깊은 우정을 나누는 사이가 되었습니다. 괴테와 쉴러는 창작활동을 서로 협조하기로 합의하여 '1794년의 창작동맹'으로 인하여 결국 두 사람의 작품 세계는 한층 더 높이 승화할 수 있는 계기를 얻게 되었습니다.

쉴러는 괴테의 주선으로 바이마르에 옮겨와 경제적으로 안정된 생활을 하게 됨으로써 불멸의 명작『발렌슈타인 3부작』(1799),『마리아 슈투트아트』(1800),『오를레앙의 처녀』(1801),『메씨나의 신부』(1803),『빌헬름 텔』(1804) 등을 남겼고 1805년 희곡『데메트리우스』를 집필하던 중 결핵으로 최후의 순간까지 그 완성을 위하여 안간힘을 썼다는 눈물겨운 뒷이야기는 너무나 유명합니다.

우리 인생은 수없는 만남으로 서로 이어지고 역사가 이루어지는 것이지요. 쉴러가 바이마르에 와서 괴테를 만나게 된 것이 그 한 증거입니다. 하여 그 두 인물이 독일 문학 아니 세계문학사의 거목이 되었다고 생각합니다.

쉴러는 독일 마르바하(Mrbach)라는 작은 마을에서 하급 군의관의 아들로 태어나(1759. 11. 10) 서민적인 환경에서 자랐습니다. 일찍이 그의 총명한 두뇌와 재능이 널리 알려져 군주의 명에 따라 궁중학교에 입학하여 법학과 의학을 공부하였으며 엄격한 학교 교육을 받으면서 자유에 대한 동경이 싹터 몰래 문학작품을 탐독하면서 습작을 했습니다. 이때 철학교수 아벨의 권유로 셰익스피어의 희곡을 읽은 것이 충격적인 체험이었습니다. 그 후 '슈트드갈트'에서 하급 군의관 생활을 하였습니다. 그 시절 그는 처녀작인 희곡『강도 떼』(1784)를 집필하여 자비로 출간했습니다. 이 희곡은 인간의 자유와 존엄성을 바탕으로 한 그 당시 독일 귀족의 횡포에 대한 반항적 작품이었습니다. 결국 이 작품이 물의를 일으켜 그는 구속되었으며 심지어 작품 활동 금지령까지 받게 되었습니다.

그러나 그는 그곳을 탈출하여 2년간 방랑생활을 하면서『피에스코의 반란』(1785),『간계와 사랑』(1784)을 써 작가의 길을 걷기 시작하였습니다. 그 뒤 그는 방랑생활을 마무리하고 만하임에서 안주하게 되어 연극시인으로 활동했습니다. 그 무렵 쉴러는 프랑스 혁명사상에 심취하여 절대군주주의와 봉건주의를 극렬히 비판하는 희곡『돈 칼로스』

(1787)를 발표하였으며 동시에 많은 시를 발표하였고 그리고 신문 칼럼니스트로도 활약했습니다. 그의 칼럼은 프랑스에서 높이 평가 되어 지대한 호응을 얻어 프랑스혁명공화국 명예시민이라는 영광(1792)을 수여받았습니다. 쉴러의 희곡 작품 대부분은 운명과 대결하는 의지의 힘을 묘사한 것들입니다.

드디어 쉴러는 바이마르(1787)에 오게 되어 괴테를 만나 그의 배려로 안정된 생활을 하게 되었으며 결혼도 하고 작품 활동에 더욱 열을 올렸습니다. 하지만 불행하게도 그는 결핵을 심하게 앓게 되어 다시 '만하임'에 갔습니다.

그 이후 그는 다시 바이마르에 돌아와 괴테와 재회(1794)하게 되었습니다. 그때부터 괴테와 쉴러는 지적 소양과 진보적인 세계관과 예술과 문학을 향한 열정으로 더욱 깊은 우정을 나누는 동시에 모든 창작 활동을 함께함으로써 더욱 깊게 더욱 높게 더욱 넓게 창작 작품을 발전시키고 승화하게 되었습니다. 이는 곧 그들이 모든 창작 활동을 서로 협조하기로 한 '1794년의 창작동맹'인 것입니다.

그들의 우정은 삶과 죽음을 뛰어넘어 이승에서 저승으로 영원으로 이어지고 있습니다. 괴테와 쉴러는 타계한 이후에도 바이마르의 궁납골당 석관 속에 나란히 안장되어 있습니다. 그뿐만 아니라 이들 두 사람은 바이마르 도심지에 있는 국립극장 정면 앞에 함께 동상으로 서 있으면서 오늘날에도 바이마르를 찾아오는 사람들을 반가이 맞이하고 있습니다. 이 동상은 독일의 유명한 조각가 에른스트 리첼(Ernst Rietschel, 1804-1861)이 1857년에 헌정한 것이며 바이마르를 상징하는 상징물로 모든 사람들의 사랑을 받고 있으며 두 사람은 다정한 포즈로 바이마르를 지금도 지키고 있습니다.

괴테와 쉴러의 우정으로 더욱 승화할 수 있었던 문학을 지향한 삶이 250여 년 전 서양 구라파에 있었던 것처럼 동양에는 이태백李太白(701-762)과 두보杜甫(712-770)가 이미 이천삼백 년이 넘는 오래전서부터 지금까지 한시 문학의 거성으로 군림하고 있습니다. 참으로 흥미로운 것은 이백과 괴테는 타고난 자유 분망함과 심미감각이 뛰어나고 부와 명예와 지상의 모든 행운을 누리면서 인간의 기쁨을 노래한 작품을 남긴 반면 두보와 쉴러는 순탄하지 못한 삶으로 질병과 고난으로 싸우면서 인간의 고뇌에 깊이 침적하여 시대적 아픔을 깊은 울림으로 노래한 것이 비슷합니다. 하지만 이백은 두보보다 11살 손위였고 괴테 또한 쉴러보다 10살 위였으나 연령의 차를 뛰어넘은 우정으로 살아온 고정이 다르다 할지라도 문학을 지향하는 열정으로 서로 이어져 뒷날 만인의 귀감이 되는 우정을 창출한 것은 실로 놀라운 일이 아닙니까?

이러한 우정은 괴테를 바이마르로 오게 하여 새로운 인생을 살게 하여 준 안나 아말리아의 아들 칼 아우구스트(1757-1828)영주와의 관계입니다. 그는 괴테보다 8살 연하였으나 괴테와 평생을 평행하는 친구이자 동지였고 후견인이었습니다. 겨우 18세인 칼 아우구스트 군주는 괴테를 바이마르에 초청하기 위하여 괴테의 아버지에게 "괴테에게는 단 하나의 직

괴테·쉴러 동상 앞에서 저자

책만이 주어질 것입니다. 그것은 나의 친구라는 직책입니다. 다른 모든 사람들은 그의 밑에 있게 될 것입니다."라고 하는 편지를 써서 괴테가 전폭적인 애정과 지지를 받을 것을 이미 시사示唆하였던 것입니다.

철저한 봉건주의와 군주주의, 정치적으로 재정적으로 문화적으로 낙후한 시기 남녀와 신분의 차별이 유별나던 시대풍조를 박차고 바이마르를 세계문화도시로 그 위상을 떨치게 한 인물들은 다름 아닌 안나 아말리아와 그녀의 아들 칼 아우구스트 및 괴테로 하여금 이루어지게 하였습니다.

칼 아우구스트 군주는 나폴레옹 전쟁 후 독일 통일이 본격적으로 논의되었던 –실패하였음– 뷔엔나 평화회담(1815)에서 주도적인 역할을 하여 이 회담 결의에 따라 대 군주 칭호까지 받게 되었습니다. 그리고 그는 독일 군주 가운데 제일 먼저 헌법을 제정 공포(1816)한 장본인이기도 합니다. 이 헌법은 그 당시 세계에서 가장 선진화된 헌법으로 알려진 바이마르헌법으로 당시의 바이마르 사람들은 법상으로 가장 민주적인 사회에 살고 있었던 것이 됩니다. 하여 그는 진보

괴테의 가든 하우스. 칼 아우구스트 영주가 하사한 집
바이마르 영주 칼 아우구스트와 괴테

적인 사람이었으므로 바이마르의 위상을 더욱더 부상시켰습니다.

19세기 프랑스의 저명한 여류 문인이며 구라파의 사교계 거성이었던 스탈(Stael) 여사는 바이마르를 방문한 뒤 "이제야 독일도 문학과 예술의 수도를 처음으로 갖게 되었다"라고 평하였습니다. 그리고 그녀는 뷔엔나 회담 5년 전에 발표한 「독일 방문기」에 바이마르가 파리와 더불어 구라파에 문화적으로나 정치적으로 큰 역할을 할 것이라는 사실을 예견했습니다.

하지만 바아마르 군주국은 1차 세계대전에 패한 독일에 11월 혁명(1918)이 일어나 군주제도가 폐지됨에 그때까지 군주국으로 있던 각 지역이 스스로 공화국임을 선포하여 대 혼란기로 진입했습니다. 이 시기 튀링겐 지방 의회가 바이마르에 소집되었으며(11월 혁명 후 제일 먼저) 이 의회가 공화국을 선포하면서 수도를 바이마르로 정하게 되어 그래서 바이마르공화국이라는 명칭을 사용하게 되었습니다. 1920년대 독일은 정치적으로 가장 혼란했던 시기였으며 거기에 뒤이어 세계공황(1929)이 발발하여 그 혼란은 극에 달했습니다.

이 혼란기를 틈타 히틀러 세력이 여러 곳에서 집권을 노려 극성을 부린 나머지 이 때 튀링겐 지방정부가 제일 먼저(1933) 히틀러 세력의 수중에 넘어가게 되었습니다. 이리하여 소위 '바이마르공화국'이 무참하게 비인간적인 나치 집단에 합법적으로 승계되고만 결과를 낳게 되었습니다. 그리고 그들 나치 집단은 바이마르 외각 '부헨발트'에 유태인 학살을 위한 수용소를 설치하여 바이마르에 크나큰 치부를 남기고 있습니다.

잠시 바이마르의 지리적 역사적인 배경을 말씀 드리고자 합니다.

바이마르는 독일의 중동부 지역인 튀링겐 주에 있으며 프랑크푸르트에서 북동쪽으로 약 300km 거리에 위치하고 있습니다. 바이마르 동쪽 20km 지점에는 대학도시로 유명한 예나(Jena)시가 있고 예나는 철학의 거장 헤겔(G.W.F. Hegel, 1770-1831)이 있었던 곳입니다. 서쪽으로 20km 지점에는 마르틴 루터가 종교개혁을 일으킨 에어푸르트(Erfurt) 시가 위풍 당당히 있으며 또 서쪽으로 60km 지점에는 요한 세바스티안 바하의 고향이며 괴테의 오랜 연인이며 친구인 샤를롯테 폰 슈타인이 살았던 곳인 아이제나흐(Eisenach) 시가 있습니다. 이 도시는 12-13세기 지중해 통상이 활기를 띄우면서 베니스에서 북구라파 도시로 연결되었던 통상 루트 상에 위치하였으므로 중상주의重商主義 시대의 전형적인 도시 중 하나입니다. 그리고 특히 이 도시 외곽 산 정상에 있는 박테브르르크성城은 바그네 오페라『탄호이저』의 무대 배경이 되어서 세계문화 예술사에 기록되었음은 물론입니다. 이런 주변 도시에 비교하여 바이마르는 안나 아말리아가 집권하기 전에는 여러모로 낙후하고 보잘것없는 곳이었습니다.

이곳 바이마르에 처음 정착한 요한 프리드리히 군주는 원래 작센 지방의 대 군주였으며 16세기 초까지는 막강한 세력을 누렸습니다. 하지만 종교개혁 당시 작센의 대 군주는 종교개혁을 열렬히 지지해서 여타 군주들과 규합하여 소위 '슈말칼트' 동맹을 맺고 구교세력에 대항했던 핵심 인물이었습니다. 그러나 그는 구교세력 연합군과의 전투(1547)에서 패하여 대군주의 칭호와 대부분의 영토를 빼앗기고 5년간의 옥고를 치르게 되었습니다. 다행히 신 구교의 양립을 인정하게 되는 종교평화협정의 조성으로 그는 생명을 부지할 수 있었으나 그 후 그는 작센 군주라는 칭호를 박탈당한 채 힘없는 군주로 전락하여 그 당시에는 재정적으로나 문화적으로 보잘것없던 바이마르(1557년)에 자리를 잡게 되었습니다.

중세기의 몰락한 구라파 군주들이 모두 다 그랬듯이 바이마르에 자리 잡은 요한 프리드리히 군주는 다른 구주들의 침략을 경계하며 겨우 명맥을 유지하고 있었습니다. 당시는 절대 군주시대이었으므로 합스부르크 왕실이 중부 구라파를 지배하고 있었기 때문에 상대적으로 지방 작은 군주들 간의 불화와 전쟁이 적었던 시대였습니다. 또 한편으로 16세기 중엽부터 17세기 말까지 터키인들의 잦은 침범과 페스트의 만연으로 구라파의 힘없는 군주들이 명맥을 유지하기 오히려 수월했던 면도 있었습니다.

전전긍긍하며 겨우 명맥을 이어가던 중 세상사 모든 것이 변하고 흘러가는 것처럼 바이마르 군주국 또한 고난을 거치면서 안나 아말리아 공작부인의 출현으로 역사상 그 유래를 찾아볼 수 없는 황금기를 얻어 바이마르는 구라파의 문화 도시로 거듭나게 되었습니다.

물론 이는 괴테가 있었기에 이루어진 것이며 괴테의 지대한 역량의 산물인 것은 말할 것도 없습니다. 괴테는 그 당시(18세기 말) 바이마르에 자리(1775)를 잡고 구라파의 석학, 저명한 철학자, 신학자 문학가, 음악가, 건축가 등등 다원의 예술의 원리 흡인으로 모두 바이마르로 끌어들여 보듬었습니다. 그리고 그들이 가지고 있는 재능과 지혜와 역량을 그리고 괴테가 바이마르에서 살았던 57년의 세월 동안 생을 마감할 때까지 자신의 다채로운 재능을 여한 없이 바이마르에 채워 넣었습니다. 이리하여 구라파 각지에서 재능 있는 문화 예술인들이 모여들어 바이마르에 예술의 혼을 활짝 꽃피웠던 것입니다.

“정말 내 것이라고 할 수 있는 것이 뭐가 있겠는가? 모든 재료를 공급해 준 무수한 사람들과 사물의 덕분이다. 모든 사람들이 나에게 그들의 감정과 생각, 생활과 일의 형식과 자신들의 경험을 죄다 말해 주었어. 나는 그저 사람들이 나를 위하여 뿌려준 씨앗을 수확하고 거두어들였을 뿐이다."라고 그는 그의 비서 에커만에게 한 말입니다. 이 말을 통하여 우리는 괴테의 열린 마음과 인간미 넘치는 겸손한 자세로 사람과 사물을 생각하고 대응하는 올바른 정신을 능히 알 수 있습니다.

독일의 저명한 철학가이며 음악가, 시인인 니체(F. W. Nietzsche, 1844-1900)는 괴테에 대하여 "한 사람의 작가라기보다 하나의 문화이다"라고 극찬했습니다.

라인 강에서 띄우는 문학 산책 4

인류 역사상 그 유례가 없을 만큼 천 년에 한 번 있을까 말까 한 인재의 행운으로 괴테는 1749년 8월 29일 프랑크푸르트 암 마인에서 태어났습니다. 그의 아버지는 그곳의 황실 고문관이었으며 어머니는 지방 귀족 출신으로 시장의 딸로서 괴테는 어린 시절을 유복하게 자랐습니다.

괴테의 출생지 프랑크푸르트는 천 년의 역사를 가진 유서 깊은 상업적 중심도시였습니다. 그러한 곳의 좋은 가정환경에서 그는 어린 시절을 보내는 동시에 일찌감치 라틴어, 히브리어, 이탈리아어, 영어, 불어 등을 익히며 10살 무렵부터 시를 쓰기 시작했답니다. 그의 나이 16살 때 라이프치히 대학에 입학하여 수학하다가 1770년 독일과 프랑스의 국경지역 도시인 스트라스부르그 대학으로 옮겨 아버지의 권유에 따라 법학을 공부하였습니다. 그곳에서 괴테는 독일 낭만주의 첫 선구자 헤르더의 큰 영향을 입어 문학에 대한 열정을 펼치는 계기가 되었습니다. 그 당시 괴테는 문학에 뛰어난 재능을 나타내었으며 그의 처녀작품으로 시집 제목이 『아네테』였는데 '아네테'는 그가 그 당시 사랑하였던 연인의 이름입니다.

괴테와 샤를롯테 부프(소설 『젊은 베르테르의 슬픔』을 쓰게 한 연인)

괴테는 2년간 학업과 문학에 열정을 쏟은 나머지 결핵을 심하게 앓게 되어 2년 만에 학업을 중단하고 고향 프랑크푸르트에 귀가하게 되었습니다. 2년간의 요양으로 괴테는 건강을 회복하여 다시 스트라스부르그에 돌아와 2년 만에 법학 학업을 끝마치고 변호사 자격증을 받게 되었습니다. 그 시절 그는 그곳 목사의 딸과 사랑에 깊이 빠지게 되어 목사의 집에 자주 출입하면서 헤르더를 만나 두터운 친분을 갖고 평생의 친구로서 문우文友로서 동반하게 되었습니다. 특별히 괴테는 그 시절 문학을 향한 목마름으로 더욱 셰익스피어의 작품과 호머의 작품에 심취하였다고 합니다.

그 후 괴테는 벳쯜라는 도시에서 변호사 수련 생활을 하게 되었으며 이때 그는 가장 친한 친구 요한 케스터너의 약혼녀 샤를롯테 부프(그 당시15세)를 사랑하게 되었는데 그 무렵에 공교롭게 자신과 비슷한 짝사랑에 빠진 다른 친구의 자살 소식을 접하고 그것이 계기가 되어 우리에게 너무나 친숙한 소설『젊은 베르테르의 슬픔』을 1774년에 쓰게 되었습니다. 이 작품으로 하여 세상을 깜짝 놀라게 하였고 괴테는 일약 유명작가가 되었으니 당시 그의 나이 불과 25살이었습니다.

– 여담으로, 괴테는 샤를롯테 부프를 45년 후인 1816년 바이마르에서 재회한 일이 있었습니다. 이 이야기의 주제로 토마스 만(Thomas Mann, 1875-1955)은『바이마르의 롯테』라는 작품을 쓰게 되었습니다.

유명한 작가가 된 괴테는 고향 프랑크푸르트에 돌아와 법률 고문관으로 공직 생활을 하면서 많은 문인들과 접촉하게 되었으며 셰익스피어의 비극에서 영향을 받은 희곡『에그몬드』(1775-1788년)의 출판을 위시하여 여러 권의 시집을 상재했습니다. 이리하여 당시 괴테는 문인으로서 독일 전역에 상당한 명성을 떨치고 있었습니다.

이 무렵에 괴테는 불과 26살의 나이로 바이마르의 군주 칼 아우구스트의 초청(1775)으로 바이마르에 가게 되었던 것인데 바이마르가 괴테의 제2의 삶이 시작된 제2의 고향이 되어 타계할 때까지 자그마치 57년을 살았던 것은 이미 말씀 드린 바와 같습니다.

괴테는 바이마르에 온 이후 계속 주옥같은 불멸의 작품을 발표하면서 또 한편으로 각 분야에 걸친 군주의 자문 역할을 하는 동시에 직접 행정을 맡아 관장하기도 했습니다.

특히 괴테는 궁중극장 운영에 깊이 관여하였으며 당대의 유명한 희곡, 오페라 작품들을 공연하게 했으며 대부분 모차르트의 오페라를 공연하고 또한 쉴러의 드라마 대부분을 바이마르 궁중극장(현재의 독일 국립극장)에서 개봉시켰습니다. 그리고 괴테의 『파우스트』와 실러의 『빌헬름 텔』이 이곳에서 초연되었습니다. 괴테는 이 극장의 대표로 26년간 역임했습니다. 그뿐만 아니라 궁중 미술관에서 당대의 빼어난 미술품을 대대적으로 수집함에 있어 괴테가 일조했음은 물론입니다.

그런가 하면 괴테는 1797년부터 타계할 때까지 궁중 도서관직을 맡아 보고 있었습니다. 이 도서관은 안나 아말리아 공작부인의 주도하에 세운 것입니다. 16세기 후기 로코코 양식의 궁정에 1761년부터 만들었던 것을 그 이후 괴테가 감독을 맡아 1792년부터 1832년까지 다시 만들었습니다. 괴테는 도서관장을 지내면서 이곳을 '독일 최고의 고전주의 중심 도서관'으로 일구어 내었습니다.

이 도서관은 1830년 당시 이미 13만권의 장서를 소장하고 있었으며 – 설립자의 이름을 따서 '안나 아말리아 도서관'이라고 지었습니다 – 현재 85만권의 장서를 보유하였으며 독일 중세 문학과 예술에 관한 필사본들의 가치는 이루 가늠할 수 없을 만큼 지대하고 중세기의 문학과 언어학 분야에서는 단연 최고의 권위를 자랑하고 있는 도서관으로 '세계 7대 아름다운 도서관'의 하나로 꼽히고 있으며 유네스코 세계문화유산으로 등재되어 있습니다.

괴테의 다양했던 재능과 능력은 이미 널리 알려진 사실입니다. 그가 다방면으로 마음껏 재능을 발휘할 수 있었던 것 또한 바이마르의 그 당시 독특한 분위기와 관련이 없을 수 없습니다. 물론 괴테를 위한 아낌없는 후원자로서 예술을 위한 동반자인 안나 아말리아 공작부인과 군주 칼 아우구스트의 신임으로 그들의 적극적인 지원이 있었으므로 모든 것을 가능케 했습니다. 특히 괴테는 바이마르 군주국의 교육행정, 재정운영, 전투참모 등 다양하게 모든 분야에 일을 도맡았으며 전폭적인 애정과 신임으로 추밀참사관, 추밀고문관 직위까지 올라 내각수반으로 정무를 담당하게 되어서 그 많은 일을 해냈습니다. 어디 그 뿐이겠습니까. 광산 검열을 위시하여 관개灌漑사업 감독뿐만 아니라 군대의 소대를 조직하고 포병대를 개설했으며 군대 제복 지급안을 계획 실천을 했습니다.

괴테의 활약은 바이마르의 실무적인 것에서 그치지 않았고 전 유럽의 저명한 인사와 석학들을 바이마르로 모여들도록 했습니다. 그리하여 바이마르를 유럽의 문화 도시로서 황금시대를 창출하여 보다 더 행복한 세상 만들기를 했습니다. 그는 나아가 식물학, 골상학, 해부학 등 과학에도 힘쓴 동시에 위대한 문학작품을 집필함에도 소홀

안나 아말리아 도서관

하지 않았습니다. 특히 광물학으로 일가견을 피력한 사실은 너무도 유명합니다.

괴테는 온천을 매우 즐겨 지금의 체코인 '칼 바드'(바이마르에서 150km)에 자주 출입하게 되었고 이 계기로 광물학 연구에 몰두하여 많은 광물을 수집한 것을 괴테가 처음 바이마르에 와서 살던 소위 '괴테의 가든 하우스'를 가득 채우고 있습니다. 바이마르 도시를 가로지른 일름 강가에 아담하고 소박한 집으로 괴테를 바이마르에 계속 머물게 하고 싶었던 아우구스트 군주가 하사한 선물입니다. 이 집에서 괴테는 1782년까지 살았으나 결국 이사해야만 했던 이유는 그가 수집했던 광석과 식물, 종자 등 온갖 수집품이 꽉 찼기 때문이었습니다.

뿐만 아니라 그는 일기 변화에 관한 연구를 하였으며 그림도 그려 몇 점의 수채화들도 남기고 있습니다. 특히 그는 건축에 관심과 재능을 겸비하여 바이마르의 중요한 건물 공사의 감리를 직접 맡아 보기도 하였습니다. 그가 설계하여 세워진 궁중 대연회장의 조화로움을 보면

괴테가 스케치한 그림

놀라움을 금할 수 없으며 그리고 군주의 하기 별장 '로마의 집'이라고 하는 그 집의 실내 장식을 직접 관여하였으며 이 건물과 자연과의 조화미는 지금까지도 극찬을 받고 있습니다. 이렇듯 건축에 관심을 많이 갖고 각종 건물을 짓거나 수리하는데 관여하게 되었으며 칼 아우구스트 군주는 괴테를 자문관으로 임명하여 관저를 새롭게 짓도록 했습니다. "이렇게 매력적인 공간은 전 세계 그 어느 곳에서 발견할 수 없을 것"라고 괴테가 말한 바이마르에는 여기 저기 곳곳에 그가 설계한 공원과 건물들이 지금까지 남아 있습니다. 괴테의 이름이나 그이 작품명을 딴 카페, 고서점, 가게 등 거리마다 괴테의 흔적을 여실히 바이마르에서 발견할 수 있습니다. 심지어 마르크트 광장 주변에는 그가 종종 머물렀다고 하는 '엘레판트(코끼리) 호텔'이 현재 성업 중에 있습니다.

그렇습니다. 괴테는 오직 한 사람의 작가라기보다 하나의 찬란한 문화 그 자체인 것입니다. 그는 문학사적뿐만 아니라 건축사적으로나 음악사적으로도 큰 발자취를 남기고 있습니다.

올림포스 산의 제우스와 같은 괴테에게는 세 곳의 고향이 있다고 할 수 있습니다.

즉 괴테가 태어난 프랑크푸르트, 활동의 고향 바이마르, 거기에다 정신적인 고향 이탈리아 이 세 고향으로 요약할 수 있습니다. 거기에 그의 삶에 지대한 영향을 준 사랑, 우정, 여행으로 그의 생의 자양분이 가해져서 의대한 대문호가 될 수 있었습니다. 괴테의 일생은 뭐니뭐니 해도 사랑은 대단한 활력소가 되었습니다. 그래서 그의 일생은 '사랑의 역사' 그 자체라고 할 수 있습니다. 많은 꽃 가운데 오직 한 꽃송이만을 사랑할 수 없듯이 1,003명을 사랑한 돈후앙, 한 여성이던 1,003명이던 사랑하는 것은 같은 것이었는지, 늘 사랑을 갈구하고 그럴수록 더욱 사랑이 그리웠던 것, 여성에 대한 갈증, 어떤 사랑에도 만족할 수 없는 남자였던 것입니다.

괴테의 첫 사랑은 15살(1764년) 때 연상의 소녀 그레첸, 라이프치히 대학 시절에는 카타리나 쉰코프, 스트라스부르그에서는 아네테를 사랑하여 처녀 작품 시집의 제목을『아네테』라고 했으며 그리고 프리데리케 브라온과 인연을 맺었습니다. 이때 괴테는 지금까지 수많은 사람들이 애송 애창하는 우리에게 널리 알려진 유명한 가곡「들장미」를 쓴 것이었습니다. 그 후 그의 나이 23살 때에는 그 당시 15살 소녀 샤를롯테 부프를 사랑했습니다. 그녀는 괴테의 친구인 요한 케스트너의 약혼녀였으며 그 사랑을 통하여『젊은 베르테르의 슬픔』을 1774년에 써 대성황을 이루고 유명작가로 군림하게 된 것은 이미 위에서 말씀드린 대로 입니다. 괴테가 26살 때 릴리 쉐네만을 만나 깊이 사랑하는 사이가 되어 약혼까지 하였으나 1775년 괴테가 바이마르에 옮겨감으로 파혼하고 헤어졌습니다. 그리고 바이마르에 와서 머물게 된 동기의 하나인 샤를롯테 폰 슈타인 부인과의 만남이었으며 사랑과 우정의 사이에서 자그마치 12년을 끌고 이 사랑에서 벗어나기 위하여 괴테는 이탈리아 여행을 감행하였습니다.

3년간의 이탈리아 여행에서 바이마르에 돌아온(1788년) 괴테는 새로운 마음가짐으로 생활에 임하다가 다시금 자기의 문학 제자 격인 볼피우스의 누이동생인 크리스티네와 사귀게 되어 괴테 나이 39살(1788년) 때 동거하게 되고 다음해 1789년 첫아들 아우구스트를 얻게 되었습니다. 괴테는 동거생활을 오래 하다가 아들 나이 16살이 된

1806년 괴테 나이 57살 때 크리스티네와 드디어 결혼을 했습니다.

그들이 결혼생활을 한 지 10년이 되어 크리스티네가 세상을 떠났습니다. 그리고 괴테의 그 많은 작품 그 어느 곳에도 부인 크리스티네를 언급한 바 없습니다. 그 후 괴테는 74살의 고령으로 19살인 울리케 폰 레베초를 사랑하게 되어 청혼을 하였으나 결국 그녀의 청혼 거절로 결혼이 성사되지 못했습니다만 그녀는 평생을 독신으로 살았으며 만년에는 괴테협회 명예회원이 되었습니다.

괴테의 인생은 사랑의 고리로 엮어져 있다고 해도 과언이 아닐 것입니다. 많은 여인을 사랑하며 그 사랑으로 삶과 문학 작품의 자양분으로 원동력이 되었던 것입니다.

라인 강에서 띄우는 문학 산책 5

사랑은 물처럼 스밀 데만 있으면 스며드는 것이라고 하고 싶습니다. 사람들은 너 나 할 것 없이 무엇보다 첫째로 사랑을 갈구하고 흔히 사랑을 위하여 목숨을 걸고 사랑을 위하여 패가망신을 하여도 아랑곳하지 않고 더욱 소유하고 싶은 것으로 간주하고 싶습니다. 어쨌든 불확실한 모순 속에 자신을 바친 희생과 실망, 자비와 배신, 환희와 절망이 교차하는 오묘하기 이를 데 없는 인간의 감정, 삶에 대한 본질적 인류의 영원한 주제로 우리 삶을 움직이는 강력한 동력인 것, 실상 그 누구도 정의를 내리지 못하는 것이 또한 사랑이 아닌가 하는 것입니다.

하지만 한 생에 단 한 번도 사랑을 이루지 못하는 사람들이 부지기수인데 괴테는 일생을 이를테면 복된 사랑과 동행했던 것입니다. 「라인 강에서 띄우는 편지 4」에서 열거한 괴테의 연인들 7명 외에도 잠시나마 연인 관계로 있었던 여인들을 열거하면 어머니의 친구, 수산나 폰 크레텐베르그, 괴테 나이 23살 때 잠시 사랑한 수산나 마가레타 브란트, 1772년에서 74년까지 2년간 사랑한 막시밀리안 폰 라 로슈, 바이마르에서 그녀 나이 18살일 때 괴테는 58살 때 만난 미나 헤르츠리프, 그리고 그 시절 독일의 여류작가이며 출판가, 작곡가, 가수이던 베티나 폰 아르님(Bettina von Arnim, 1785-1859), 사실 그녀는 십대 사춘기 시절 괴테의 작품『젊은 베르테르의 슬픔』을 읽고 괴테를 흠모하게 되었으며 그녀 나이 22살 때 괴테는 58살에 괴테의 어머니의 주선으로 처음 만났습니다. 그녀는 괴테가 한때 사랑했던 여인 막시밀리안 폰 라 로슈의 딸이기도 합니다. 괴테는 그녀와 편지 교환은 하였으나 그녀의 집요한 연정에는 별 반응이 없었습니다. 그녀의 오빠는 독일의 유명한 시인 클레멘스 브렌타노(Clemens Brentano, 1778-1831)이며 남편은 그 당시 독일의 저명한 낭만주의 문학가로 시인이며 소설가인 아힘 폰 아르님 (Ludwig Achim von Arnim, 1781-1831)입니다. 그녀의 오빠 클레멘스와 그녀의 남편 아힘은 절친한 사이어서 자연스럽게 그녀는 그와 사랑하게 되어 결혼을 하였습니다. 그녀는 한 걸음 앞서 가는 진취적이고 개방적인 성격의 소유자로서 한때 베토벤을 사랑하였고 퓌클러, 브람스, 리스트, 슈만 등 내 노라 하는 저명인사들과 친분을 가졌습니다. 1835년에 그녀는 어린 시절 괴테와 주고받은 편지와 경험을 바탕으로 한 소설『괴테가 한 아이와 주고받은 편지』를 출간하여 세간에 큰 화제가 되었습니다. – 여담으로 1991년부터 2001년까지 장장 10년간 독일의 5마르크 동전에 그녀의 초상화가 새겨져 있었습니다.

괴테는 크리스티네 볼피우스와 16년간 동거생활을 하다가 마침내 그녀와 첫 결혼을 하고 결혼생활 와중에도 괴테의 나이 58살 때 30살인 마리아네 폰 빌레머와 사랑을 하였던 것입니다.

이렇듯 괴테가 사랑했다고 알려진 많은 여성들은 그의 삶과 문학에 지대한 영향을 끼친 여인들입니다. 사랑이 좋은 작품을 탄생시키는 큰 원동력이 되었으며 거기다 그에게는 우정이 함께하여 금상첨화였던 것입니다.

그렇기는 하나 특히 괴테에게 있어서 남녀의 사랑을 한 차원 뛰어넘는 것은 우정이었습니다. "남녀의 사랑이나 지성보다 더 귀하고 나를 행복하게 해 준 것은 우정이다."라고 헤르만 헤세(1877-1962)도 서술했습니다. 그렇습니다. 괴테의 일생에서 이성에 대한 사랑보다 한 차원 위인 우정의 사랑은 한결같이 변함없는 괴테의 수호신 역할을 하였습니다. 괴테의 친구로서 가장 소중한 그 사람들은 문우로서 생의 동반자로서 존경과 신뢰로 서로 엮었던 사람들입니다.

괴테 부인

첫째로 안나 아말리아 공작부인과의 인연은 부인을 만나 그녀가 타개할 때까지 38년간이 지속되어 친구로서, 든든한 버팀목으로서 삶의 동반자였습니다. 혈육 이상의 친구라고 하겠지요. 괴테는 안나 아말리아에 대하여, "안나 아말리아 공작부인은 완전무결한 군주이며 인간적으로 참다운 멋진 인물"이라고 하였습니다.

둘째로 칼 아우구스트 영주는 괴테보다 8살 연하였던 그가 괴테를 바이마르에 초빙할 때 괴테의 아버지에게 보낸 편지에서 "괴테에게는 단 하나만의 직책이 주어질 것입니다. 그것은 나의 친구라는 직책입니다"라고 하여 그 약속을 그는 지켜 평생의 지기지우知己之友로서 괴테와 함께 바이마르를 이끌어 무에서 유를 창조하듯 불과 6,000여 명의 작고 별 볼 일 없는 군주국에서 18세기 말 독일 문화의 중심지가 되게 하고 구라파 문화도시로 부상케 하였습니다. 아리스토텔레스(B.C. 384-322)가 말했듯이 "친구란 두 신체에 깃든 하나의 영혼"이었습니다. 그들은 진정한 친구로서 뜻을 같이하고 일심동체가 되어 오로지 문화와 예술과 바이마르 발전에 이바지하였던 것입니다.

그리고 또 쉴러와의 인연이 있습니다. 뛰어난 재능을 소유하고 있었으나 병약하고 경제적으로 넉넉지 못한 쉴러가 1787년 바이마르에 와서 빌란드와 헤르더의 주선으로 괴테를 만나게 된 것입니다. 괴테는 쉴러의 빼어난 재능과 진보적인 세계관 그리고 예술과 문학에 대한 열정에 매료되어 10살이나 손아래였던 그에게 물심양면으로 지대한 도움을 주어 마침내 생활의 안정을 얻은 쉴러는 마음껏 자신의 재능을 발휘할 수 있었습니다. 그리하여 괴테와 쉴러는 창작동맹(1794년)을 맺고 서로 창작 활동의 협조를 아끼지 않았던 것입니다.

"그대가 나에게 청춘을 되돌려 주고 다시 작가로 만들어 주었네"라고 괴테가 쉴러에게 말했을 만큼 그들의 우정은 깊었습니다. 『괴테 쉴러 왕복 서한집』에 수록되어 있는 그들의 깊은 우정의 자취를 오늘날도 여실히 감지할 수 있게 합니다.

그리고 괴테의 우정론에서 빼놓을 수 없는 사람은 그 당시 철학가이며 신학자 그리고 시인인 헤르더 입니다. 스트라스부르그에서 법학을 공부하던 괴테에게 문학으로 물꼬를 트게 한 사람이며 괴테가 제일 먼저 그를 바이마르에 초빙하여 평생을 문우로서 정신적 지주로서 함께 문화와 예술과 사회 발전에 이바지하였습니다. 헤르더는 질풍노도 문학운동의 지도적 인물이며 낙망주의 운동의 선구자였습니다.

"한 평생 친구 하나 있으면 행복하다. 둘은 많고 셋은 거의 불가능하다"라는 독일의 격언이 있으나 괴테는 이 불가능을 가능케 한 행운을 가졌던 것입니다. 괴테는 친구에 대하여 "진정한 친구라면 오랫동안 불화하고 있을 수 없다. 그러나 처음부터 짝이 맞지 않은 사람은 아무리 일치하려고 노력해도 소용이 없다. 언젠가는 헤어진다"라고 했습니다.

사람은 불완전하고 조금씩 모자라 동시대에 살면서 서로 끌어주고 도와주며 모자람을 보태어 주는 힘이 절대적으로 필요한 것입니다. 온 세상이 나를 등지고 떠날 때 나를 찾아와 주는 친구, 역경에 처했을 때 "괜찮아, 괜찮아"하며 말없이 격려해 주는 친구. 가족은 하늘이 맺어준 인연이라면 친구는 내가 선택한 가족이라고 하겠습니다.

돌아보면 우리나라에도 과거에 자랑스러운 우정을 나눈 분들, 후세 우리들에게 귀감이 되는 분들이 많습니다. 이를테면 류성용과 이순신, 퇴계 이황과 고봉 기대승, 이항복과 이덕형, 그리고 추사 김정희와 초의선사草衣禪師 등입니다.

우리나라 역사에서 임진왜란을 막아낸 구국의 영웅 이순신 장군을 모르는 사람이 없습니다. 그러나 이순신 장군에 버금가는 구국의 인물이 있으니 그는 바로 서애 류성용(1542-1607)입니다. 그 당시 영의정이었던 류성용은 선조에게 이순신을 천거하여 수군 장수로 발탁케 했습니다. 만약에 류성용의 발탁인사가 없었더라면 임진왜란 때 조선을 지켜낸 충무공은 역사상에 존재하지 않을 것입니다. 류성용은 이순신 장군과 어려서부터 같은 동네에서 함께 자라 절친한 사이로 후견인 역할을 하였으며 그들의 빛나는 공로로 오늘날의 우리나라를 있게 하였습니다. 그들의 우정은 지금으로부터 400여 년 전 중국(명나라)과 일본이 조선 분할역치分割易置를 공공연히 앞세워 조선을 침략하였을 때 당당히 물리치고 나라를 지킴에 큰 힘이 되었던 것입니다.

그리고 상하노소의 위계가 지엄한 조선 중기, 그 시절(옛 어른들은 9살까지는 친구가 될 수 있다고 하였음) 58살 퇴계 이황(1502-1571)과 32살 고봉 기대승(1527-1572)이 사제師弟지간으로 만나 시작된 학문의 교류는 8년간이나 끌은 사단칠정四端七情 논쟁을 통하여 조선 최고의 '사상로맨스'로 깊어졌고 성리학의 수준을 절정으로 이끌어 올렸습니다. 퇴계 이황의 『자성록』에 "선배면 어떠하고 후배면 어떠하며, 스승이면 어떠하고 제자이면 어떠하며, 저것이면 어떠하고 이것이면 어떠하며, 취하면 어떠하고 버리면 어떠하겠습니까? 한결같이 도리에 합당하며 바꿀 수 없는 것을 취하면 되지 않습니까?" - 한결같고 도리에 합당하고 바꿀 수 없는 것, 그것이 진정한 친구의 바탕입니다.

또한 우리에게 동화와 만화로 널리 알려진 오성 이항복(1556-1618)과 한음 이덕형(1561-1613)의 우정입니다. 실은 오성과 한음은 죽마고우가 아니라 1578년 과거시험장에서 처음 만난 사이로 정치적 동지로서 갖은 정치적 곡절 속에서도 신의信義를 잃지 않고 서로 든든한 우정으로 일관하였던 것입니다.

오성 이항복은 조선중기의 문신文臣으로 정치가, 시인, 작가로서 재치와 익살이 뛰어나 모든 사람들에게 웃음을 자아내게 하는 천성이 효우돈목孝友敦睦하여 조정에 나가 있는 40년 동안 항상 붕당 정치로부터 초연하였다고 합니다. 그리고 한음 이덕형 또한 조선중기의 문신으로 정치인, 학자로서 친구 오성과 함께 올바른 정치로 선조를 보필하고 임진왜란을 물리침에 큰 공을 세웠습니다.

그리고 숱한 덕담과 우정을 진솔하게 나눈 추사 김정희(1786-1856)와 초의선사草衣禪師(1786-1866)의 우정 또한 각별하였습니다. 추사 김정희는 조선후기의 문인으로 학자이며 서화가였으며 초의선사는 우리나라 차도[茶道]를 중흥 발전시켰습니다. 초의선사의 차[茶]에 흠뻑 빠진 추사께서 어느 날 초의선사께 쓰셨습니다.

여보시게 일지암 토굴 민 대머리
부처님 모시는 몸이 그토록 신통력이 없는가
꼭 말을 해야 아는가
"초의 차" 떨어져서 "초의 차" 못 마시니
혓바늘이 돋고 정신이 멍해졌네
그러니 "초의 차" 보내지 않으면
내 당장 말을 몰아 일지암으로 향하여
차 밭을 밟아 버릴 터
그러나 원망하지 말아야 할지니
"초의 차" 중독 시킨 죄값 응당 그대의 몫으로 알지니라.

이에 초의선사께서 화답하시길

어허허 “초의 차”에 환장한 사람 보게나
마치 양귀비에 중독된 사람처럼
분별없이 글을 쓰셨구먼
천하의 추사도 “초의 차” 없으면
맥 못쓰고 꼬랑지 팩 꺾어지고 마는구먼.

참으로 문장 곳곳에 해학과 위트가 엿보이는 이 글은 두 분의 우정에 대한 부러움을 자아냅니다. 실로 괴테가 누렸던 우정 못지않은 우리 조상들의 이러한 우정이 오늘날 우리들에게 크나 큰 본보기가 되어 주고 있다고 하겠습니다.

라인 강에서 띄우는 문학 산책 6

괴테의 삶에서 사랑, 우정, 여행은 대 시인의 천재성을 일깨우고 삶의 활력을 불어넣었던 것입니다. 그는 공직수행에 따른 과다한 격무에 시달렸으나 여행으로 그 스트레스를 해소하였던 것입니다. 스위스(1775-1780)와 체코지방, 특히 칼스바트, 마리엔바트(1806-1823) 온천장 여행은 육체적 정신적 건강을 회복함에 큰 도움이 되었습니다. 그리고 무엇보다도 그에게는 이탈리아 여행은 일대 전환기적 기회를 가져다주었습니다. 문화유산의 보고인 이탈리아 여행(1786-1788) 19개월간은 그의 예술혼을 크게 일깨워 주었습니다.

"1786년 9월 3일 새벽 3시 '칼스바드 온천장'에서 몰래 빠져 나왔다. 그렇게 하지 않으면 사람들이 나를 떠나게 내버려 두지 않았을 테니까" 라고 괴테는『이탈리아 기행』첫 부분에 서술하고 있습니다. 괴테의 이탈리아 체류는 그의 삶과 문학에 지대한 영향을 끼쳤습니다. 그가 이탈리아 여행을 감행한 동기는 대략 다음 세 가지로 요약할 수 있습니다.

첫째. 소년시절부터 간직했던 문화의 보고 특히 이탈리아에 대한 동경심.

둘째. 바이마르의 편협성과 과중한 공무에서 탈피하려는 충동.

셋째. 오랫동안 침체되어 있는 예술가 정신을 되찾고 싶은 욕구가 그것이었습니다. 괴테 자신이 이탈리아 여행에 대하여;

"익은 사과가 나무에서 떨어지는 것과 같은 필연성을 갖는 것"이라고 말했습니다. 뿐만 아니라 "나의 여행의 중요한 의도는 육체적 도덕적 폐해弊害를 치유하는 것이다. 그리고 다음은 참된 예술에 대한 갈증을 진정시키는 것이다."라고 『이탈리아 기행』에 서술했습니다. 새로운 장소의 변화는 정신에 활력을 주며 성숙한 삶에 자양분이 되는 법입니다. 덴마크 오덴세에서 신기료 장수의 아들로 태어났으나 유명한 동화작가이며 소설가인 안데르센(Hans Christian Andersen, 1805-1875) 또한 "여행은 나에게 있어 정신을 다시금 젊어지게 해주는 셈이다." 라고 했습니다.

마침내 괴테는 자신의 서른일곱 생일축하연이 무르익을 무렵 1786년 9월 3일 새벽에 이탈리아를 향하여 여행길에 올랐습니다. 천성이 시인이었던 그는 유럽의 예술 원천인 이탈리아 전역을 두루 여행하면서 눈과 마음을 활짝 열고 새로운 세계를 흠뻑 받아들였습니다. 그는 로마에 도착한 날을 "제2의 탄생일", "진정한 삶이 다시 시작된 날" 이라고 했습니다. 그리고 로마에 있는 동안 그는 유명한 유적지를 빠짐없이 다니면서 건축물과 조각 작품 그리고 그림을 감상했습니다. 특히 성 베드르 성당에서는 "예술도 자연처럼 모든 척도를 초월할 수 있다. 진리를 파악했다."라고 했습니다. 콜로세움의 웅장함, 시스티나 성당의 르네상스 예술을 음미하면서 자신의 심미안을 더욱 새롭게 넓게 가다듬었습니다. 이탈리아 도처에 산재되어 있는 고전과 고대의 예술의 걸작들을 체험한 괴테는 고전주의 예술관을 받아들이고 더욱 계몽주의, 낭만주의, 고전주의를 아우르는 자신의 예술세계를 구축하고 그이 문학세계를 폭넓게 펴 더욱 성숙하게 되었습니다.

또 한편으로 괴테가 베네치아, 피렌체, 로마, 나폴리, 시칠리아 등 이탈리아 전역을 1년 9개월의 여정 속에서 다양한 예술적 체험과 새로운 세상과의 만남을 통하여 관습의 틀을 벗고 진정한 예술가로 변모해 가는 내적 성숙의 과정을 체험하였던 것입니다. 고대 건축물과 유적물, 특히 르네상스 시대의 예술작품에 대한 애정과 관심과 열정을 그는 여지없이 쏟아 내었습니다. 바이마르의 천편일률적인 일상에서 벗어나 한결 성숙하고 정겨운 삶의 향기로 새로운 예술관을 불러 일으켰음을 그는 말하고 있습니다.

"나는 지금 오랫동안 느껴보지 못한 명징함과 안정감 속에서 살고 있다. 모든 사물을 있는 그대로 보려는 훈련, 눈빛을 밝게 가지려는 성실함, 온갖 주제넘은 생각에서 완전히 벗어나려는 노력이 내게 다시 한 번 도움을 주면서 은연중에 나를 무척이나 행복하게 해 준다. 날마다 새롭고 놀라운 대상은 날마다 신선하고 위대하며 기이한 그림들을 만난다. 그 모두가 오랫동안 생각하고 꿈꾼 것이지만 상상으로는 결코 도달할 수 없는 것이다. -1786년 11월 10일 로마에서"라고 서술하고 있습니다.

괴테의 이탈리아 체류는 과연 그의 잠들어 있던 예술혼을 깨어나게 해서 미완으로 남아 있던 원고들이 탈고하게 합니다. 희곡『티타리스섬의 이피게니에』(1787),『에그몬드』(1788),『에르빈과 엘리메』가 그것이며 또 대작『토르크바토 타소』(1790)와『파우스트』역시 이곳 이탈리아에서 구상되었다고 합니다. 이와 같이 괴테에게는 여행이 세계의식과 자아발견의 큰 계기가 된 것입니다.

1788년 여름 괴테는 이탈리아에서 바이마르에 돌아왔습니다. 바이마르에 돌아온 괴테는 이탈리아 여행에서 얻은 풍부한 지식과 재료를 바탕으로 하고 그 위에 쉴러의 우정에 힘입어 새롭게 창작열에 불을 피웠습니다.『타소』와 소설『빌헬름 마이스터 수업시대』(1796) 등이 그 열매들입니다.

그런 다음 60세가 된 1809년부터 20여 년간 괴테는 희곡『파우스트 제1부』(1808)와 소설『친화력』(1809), 자서전『시詩와 진실, 1-3부』(1811-1813), 기행문『이탈리아 기행』(1816), 시집『서동시집』(1816),『마리엔바트의 비가』(1823), 소설『빌헬름 마이스터의 편력 시대』(1829),『시와 진실 제4부』등을 속속 세상에 내 놓았습니다. 그리고『파우스트 제2부』를 1825년에 집필하기 시작하여 1831년에 탈고하였으나 발표는 사후에 하라는 지시를 했습니다.

괴테는 자서전『시와 진실』에서 자신의 생애 전반부를 자세히 적어놓았습니다. 만년의 괴테를 만나기에는 만년의 괴테 비서였던 에커만의『괴테와의 대화』가 큰 도움이 됩니다. 그리고 인생을 통철하는 수많은 명언들은『잠언과 성찰』에서 얻을 수 있습니다.

“인생행로의 비밀은 공개 되어서도 안 되고 공개할 수도 없다. 그

길에는 어떤 여행자라도 넘어질 수밖에 없는 걸림돌이 있다. 그리고 시인은 그 장소를 암시해 줄 뿐이다"라고 괴테는『빌헬름 마이스터의 편력시대』에서 서술하고 있습니다. 뿐만 아니라 만년에 에커만과의 대화에서; "나의 시 속에서 허세를 부린 적은 한 번도 없네. 체험하지 않은 것이나 뼈저린 고통을 겪지 않은 것은 시로 쓰지도 않았고 입에 담지도 않았네. 애정에 관한 시를 쓴 것은 사랑을 하고 있을 때뿐이라네. 그러니 어떻게 미움 없이 증오에 관한 시를 쓸 수 있겠는가?"라고 하였습니다.

괴테는『파우스트 제2부』를 탈고한 다음 해 1832년 3월 15일 가벼운 감기로 몸져누워 3월 22일 오전 11시 반, 안락의자에 몸을 기대어 앉은 자세로 숨을 거두었습니다. 그의 나이 83세였습니다.

"창문을 열어 놓게. 빛이 더 들어오도록"은 그의 이승에서 마지막 한 말로써 유명합니다. 장례식은 3월 26일 오후 5시 거행하였으며 관은 오늘날까지 바이마르 영주의 묘소에 아우구스트 영주와 쉴러와 함께 나란히 안치되어 있습니다.

철학자 프리드리히 셸링(Friedrich W. J.von Schelling, 1775-1854)은 괴테의 죽음을 애도하며 추도문에 쓰기를; "괴테가 살아 있는 동안 독일은 고아가 아니었으며 가난하지도 않았다. 그 모든 약점과 내면적인 동요 속에서도 정신적으로 위대했으며 부유하고 강력했다."라고 했습니다.

괴테는 독일 문학의 완성자입니다. 시와 소설 희곡에 걸친 그의 업적은 18세기 말까지 변방에 불과했던 독일을 유럽의 문화도시로 당당한 일원으로 끌어 올렸습니다. 그렇습니다. 수많은 물줄기를 받아들여 하나의 아름다운 큰 호수가 바로 괴테였으며, 높은 산이었으며 당대뿐만 아니라 오늘날까지 위대한 인간을 대표하는 최고의 인물이며 니체가 말한 것처럼 하나의 문화였습니다. 그 어느 한 시대, 한 지역의 괴테가 아니라 보편적인 괴테로 오늘날까지도 그의 작품이 널리 읽히고 그의 명성이 세계 방방곳곳에 자자한 까닭은 바로 여기에 있습니다. 특히 괴테가 57년간 살았던 바이마르는 괴테의 발자취가 묻어나는 향기로운 역사의 흔적과 예술의 한마당을 여실히 보고 느낄 수 있는 곳이라고 하겠습니다.

바이마르는 문학사적으로만 아니라 음악사적 그리고 건축사적으로도 큰 자취를 남기고 있습니다. 물론 여기에는 괴테의 지대한 영향이 미쳤음은 물론입니다. 괴테는 1831년 3월 8일 에커만과 대화에; "예술의 품위는 음악에서 가장 고귀하게 나타나네. 왜냐하면 음악에 있어서는 제거해야 할 소재가 없기 때문이라네. 음악은 완전히 형식과 내용만 있어 표현하고자 하는 모든 것을 숭고하게 만들어 주는 것이라네. 리듬에는 신비한 힘이 있으며 게다가 리듬은 우리 내부에 숭고함이 있다는 믿음을 주는 것이라네."라고 하였습니다.

고전 음악의 거장인 요한 세바스티안 바하(Johan Sebastian Bach, 1685-1750)는 괴테가 태어난 다음해에 사망하였습니다. 하지만 그는 1708-1717까지 10년간 바이마르 궁중 악단의 일원이었다가 훗날 악장으로 활동하였으며 그의 수많은 칸타테곡들이 이곳 바이마르에서 작곡되었습니다. 당시 그는 이곳 출신 시인인 살로모 프랑크(Salomo Franck)와 가까이 지내면서 그의 가사를 받아 칸타테곡들을 완성하였습니다. 바흐의 집안은 200여 년에 걸쳐서 50명 이상의 음악가를 배출한 음악가 집안으로 선대들 또한 음악사에 그 이름을 남기고 있습니다.

프란츠 리스트(Franz Liszt, 1811-1886)또한 1848년 이곳 궁중 악 단장으로 와서 1861년까지 활동하였습니다. 리스트는 이곳 바이마르에 올 당시 이미 피아니스트와 작곡가로서 큰 명성을 떨치고 있었으므로 그가 온 것은 이곳 바이마르가 문화도시로 얼마나 높이 인정되었던가를 짐작할 수 있습니다. 리스트는 바이마르에서 많은 피아노 협주곡을 작곡했으며 리하르트 바그너(Wilhelm Richard Wagner, 1813-1883)의 오페라『로엔그린』을 사상 처음으로 연주하였습니다. 이러한 그를 기념하기 위하여 바이마르 음악대학을 "프란츠 리스트 음악대학"이라고 현재까지 명명命名하고 있습니다.

그뿐 아니라 멘델스존 바르톨디(J.L.F. Mendelssohn Bartholdy, 1809-1847)와 리하르트 바그너도 자주 찾아 왔던 음악가들에 속합니다. 그리고 바그너 이후 독일에서 가장 뛰어난 작곡가이며 지휘자인 리하르트 슈트라우스(Richard Straus, 1864-1949) 또한 이곳에서 악장으로 종사했습니다.

괴테의『이탈리아 기행』이나『시와 진실』과 같은 자전적인 글에 따르면 괴테는 비록 만나지는 못하였으나 음악가 중 모차르트를 좋아해서 가장 뛰어난 음악가라고 했으며 특히『돈 조반니』와『후궁 탈출』을 선호하였고 바이마르 궁중극장에서 모차르트의 작품을 그 당시 제일 많이 공연하였다고 합니다. 괴테는 독일식 고전주의를 정의했으며 낭만주의의 물꼬를 열어 다른 어떤 나라보다 독일의 음악가들에게 풍부한 수원을 제공하였던 것입니다. 괴테의 작품들은 후에 수많은 예술로 재탄생했습니다. 모든 예술을 끌어 모은 그의 대작들은 오페라를 닮고 있는데 과연 후에 오페라들 속에 환생한 것입니다. 이리하여 특히 괴테의 대작『파우스트』는 모든 예술을 끌어 모은 작품으로 그 자체가 종합예술인 오페라였습니다. 이 작품은 너무나 방대하고 그 분량을 전부 공연하는 것이 불가능했으므로 괴테 자신도 '읽기 위한 드라마(Lesedrama)'라고 규정한바 있습니다. 그런데 바로 이 작품들이 작곡가들의 지대한 관심을 끌어 그 열망을 막을 수 없었습니다. 이리하여 독일에서는『파우스트』 작품의 불가사의不可思議한 무대를 연극적으로 다루기보다 추상적인 음악으로 다루어지게 되었습니다.

예컨대 로벨트 슈만(Robert Schumann, 1810-1856)의『괴테 파우스트 장면들』(1844-1853)이라는 오라토리오가 그러하며, 프란츠 리스트(Franz Liszt, 1811-1886)의『파우스트 교향곡』(1857), 그리고 구스타프 말러(Gustav Mahler, 1860-1911) 또한『교향곡 8번』(1906)들이 그러합니다.

독일 작곡가들의 특징은 가장 난해하고 형이상학적인『파우스트 2부』의 마지막 장면을 궁극의 목표로 삼아 작품을 작성했던 것이라고 합니다.

반면에 프랑스에서는 비교적 무대화하기 수월하고 편한『파우스트 1부』를 오페라로 작곡하는 경향이 압도적이었습니다. 무엇보다 프랑스에서는 시인이자 소설가인 제라르 드 네르발(Gerard de Nerval, 1808-1855)이 원작『파우스트』를 뛰어나게 불어로 번역을 잘하여 괴테 또한 이에 칭찬을 아끼지 않았다고 합니다.

『그레첸 비극』으로 불리는『파우스트 1부』는 파우스트가 악마의 유혹에 빠져 악마에게 영혼을 팔고 순결하고 아름다운 처녀 그레첸과 사랑에 빠지나 마성을 눈치 챈 그레첸이 숭고한 죽음을 택함으로써 파우스트는 다시 방황하는 이야기를 담고 있습니다.

한편 괴테의 기상천외한 무대를 상연하기 쉽지 않다는 판단을 한 엑토르 베를리오즈(Hactor Berlioz, 1803-1869)는 『파우스트 처벌』(1846)을 '극적인 이야기'이라고 하는 콘서트 형식을 고안해 내었습니다. 하지만 베를리오즈의 선구적인 업적은 불행하게도 프랑스에서 호응을 얻지 못한 채 오페라도 오라토리오도 아닌 기이한 작품으로 평가를 받았습니다. 더욱이 베를리오즈의 거대한 오케스트라 사운드는 당시 기준으로 현실적이지 못한 과대망상과 같은 한발 앞서가는 것이어서 사람들이 받아들이지 못하였던 것입니다. 이와 반대로 베를리오즈의 후배 샤를 구노(Charler F. Gounod, 1818-1893)는 현실적으로 처했습니다. 1859년 초연된 오페라 『파우스트』는 괴테의 원작 『파우스트 1부』만을 가지고 쓴 작품으로 비교적 원작의 구성을 충실히 따르고 시대적 욕구에 적응하는 작품이었습니다. 구노는 프랑스 오페라 역사에서 부드럽고 우아한 오페라 기조를 만들어 후세대에 많은 영향을 미친 인물입니다. 그러한 그의 작품은 일괄적으로 아름다운 선율을 강조하고 있으면서도 지나치게 화사하거나 감상적이지 않고 절제와 조화미로 이루어진 환상적인 작품이라는 것을 인정받고 있습니다. 하여 그의 작품에는 당대에 가장 감미롭고 친숙한 음악을 작곡하는 작곡가였습니다. 특히 「쥐의 노래」, 「황금 송아지의」, 「꽃의 노래」, 「툴레의 왕」, 「보석의 노래」가 단독으로 지금까지 자주 애창되는 아리아들입니다.

그리고 베를리오즈와 구노만큼 명성을 크게 얻지 못한 샤르 루이즈 앙브루아즈 토마(Ambroise Thomas, 1811-1896) 또한 괴테의 작품으로 기억되는 작곡가입니다. 구노가 『파우스트』와 『로미오와 줄리엣』으로 문학사의 두 걸작을 성공적으로 오페라를 만든 안목을 지니고 있었듯 토마 또한 『미뇽』(1866)과 『햄릿』(1868)을 통하여 괴테와 셰익스피어의 작품으로 대작을 남겼습니다.

『미뇽』은 괴테의 소설 『빌헬름 마이스터의 수업시대』를 바탕으로 쓴 오페라입니다. 토마는 소설 가운데 비운의 소녀 미뇽의 이야기를 떼어내어 괴테의 원작을 그대로 하지 않고 각색하였습니다. 사실 미뇽은 하프를 타는 노인의 사생아로 낭만성을 상징하는 자유 분망하고 순진한 소녀입니다. 하프를 타는 노인이 '로타리오라'는 다른 인물로 바뀌고 마지막 장면 역시 미뇽이 안타깝게 숨을 거두는 장면이 아니라 빌헬름과 맺어지는 해피엔딩으로 둔갑을 하는 것입니다. 만약에 괴테가 살아 있어서 이 사실을 알게 되었다면 노발대발할 일이지만 토마의 아름다운 선율과 잔잔한 감동, 빼어나게 뛰어난 좋은 음악 덕에 『미뇽』은 1866년 11월 17일 첫 공연을 하여 1894년 1,000회 공연을 돌파하고 1919년 5월 24일 1,500회의 획기적인 인기를 끌었습니다. 하지만 토마는 작곡가로서 그 능력에 비하여 인간적으로 모나고 원만하지 못한 사람이었던 모양입니다. 그는 세자르 프랑크(Cesar Franck, 1822-1890), 랄로, 조르즈 비제(Georges-Bizet, 1938-1875), 가브리엘 포레(Gabriel V. Faure, 1845-1924)와 같은 재능 있는 후배들을 보듬지 못했으며 괴팍한 성격으로 안목이 없고 별난 사람으로 치부되면서 점차 그의 음악도 빛을 잃었습니다. 엎친 데 덮친 격으로 1887년 5월 25일 오페라 코미크에서 『미뇽』을 공연하던 도중 큰 참사가 발생했습니다. 극 중에서와 똑같은 화재가 발생하여 무려 71명의 목숨을 앗아갔던 것입니다. 그 후로 토마와 『미뇽』은 관중을 잃고 차츰 사양길로 들어서고 말았습니다.

괴테를 향한 프랑스 음악가들의 사랑과 열정과 관심은 쥘 마스네(Jules Massenet, 1842-1912)에서 그 정점에 이릅니다. 1891년에 완성된 『베르테르』는 너무나도 유명한 괴테의 명작 『젊은 베르테르의 슬픔』을 바탕으로 작곡된 것입니다. 마스네 또한 그의 스승이던 토마와 같은 방식으로 괴테의 원작을 각색하였습니다.

마스네의 오페라에서는 롯테가 숨을 거두기 직전에 베르테르에게 미처 말 못한 사랑을 고백하고 입맞춤을 합니다. 그녀의 마지막 순간의 슬픔에는 아랑곳하지 않고 천진난만한 아이들의 크리스마스 캐럴이 울러 퍼지는 가운데 막이 내립니다. 실은 성직자조차 동참할 수 없는 쓸쓸한 장례식으로 끝을 맺는 원작과는 사뭇 다릅니다. 그럼에도 마스네의 오페라가 통속적으로 들리지 않은 것은 깊이 있고 품격 있는 음악이었기 때문입니다. 마스네는 1886년 바그너 성지인 바이로이트를 방문한 뒤 더욱 바그너 음악에 심취하게 되었습니다.

서정과 열정이 공존하는 『베르테르』는 프랑스와 독일 양국의 낭만주의를 만나 그 절정을 이룩한 좋은 예입니다. 괴테와 같은 대문호의 작품은 말할 것 없이 위대한 예술작품이 다른 장르로 옮겨질 때는 원작의 그 깊이에 접근하기란 그리 쉽지 않을 것이며 괴테의 작품으로 다룬 오페라들 또한 그런 한계로부터 자유롭지 못하였을 것입니다. 하지만 낭만적이고 자유로운 프랑스 작곡가들은 그와 같은 제약을 분명히 알고 주어진 여건 에서 오페라라는 색다른 장르의 가능성을 극대화함에 이바지하였습니다. 그러한 덕분으로 음악을 애호하는 팬들은 괴테의 원작을 또 다른 각도에서 감상할 수 있는 좋은 기회를 누리게 되었습니다.

괴테는 그 당시 베토벤이나 모차르트와 같은 대 음악가들과 깊은 교류를 갖지 않았으며 그들의 뛰어난 천재성을 제대로 높이 평가하지 않았습니다.

요셉 하이든(Franz Joseph Hayden, 1732-1809)은 같은 시대에 살았으나 서로의 위대함을 알지 못하였는가 하면 재능 있는 슈베르트(Franz P. Schubert, 1797-1828) 또한 소년시절부터 괴테를 흠모하여 괴테의 시에 작곡을 붙여 보내었으나 유감스럽게도 괴테의 인정을 받지 못하였습니다. 하지만 괴테는 음악 전반에 걸쳐 남다른 관심과 애정을 가져 1807년 바이마르에 자그마한 음악학교를 설립하고 스스로 연주자로서 다양한 연주를 즐겼다고 합니다. "음악은 인간을 덮고 있지만 인간이 이해할 수 없는 보다 더 높은 지식의 세계로 유일하게 통하는 무형의 통로이다."라고 괴테는 말했습니다.

무려 반세기에 걸쳐 『파우스트』를 완성한 괴테는 그 2부를 마무리할 무렵 "앞으로의 내 생명은 덤"이라고 그의 비서 에커만에게 말하였답니다.

이미 자그마치 180여 년 전에 죽은 괴테는 죽어서도 아직 건장하게 이 지구상에 아니 간데없이 도처에 살아 있고 앞으로 영원히 살아 있을 것입니다.

여담으로 한국의 신격호 롯데그룹 회장님은 50여 년간 괴테의 애호가로 롯테(괴테의 명작 『젊은 베르테르의 슬픔』에 나오는 여주인공 이름)를 상호로 정하였을 뿐 아니라 롯데호텔에 샤를롯테라는 공간(샤롯데 씨어터)을 개설하였다고 합니다.

인간으로 발휘할 수 있는 능력을 최대한 발휘할 수 있었던 행운아 괴테!

그는 안나 아말리아가 있었기에 고금에 전례 없는 위대한 괴테가 되었으며 더불어 게르만 문화가 세계에 우뚝 설 수 있는 것입니다.

토마스 만은 "괴테, 그분은 모순의 위대한 촉매자이자 극단적인 것을 수용하는 천재적인 중계자"라고 증언하였고 그리고 헤르만 헤세 또한 "모든 독일 작가들 중에서 괴테야말로 내가 깊이 빚졌다고 느끼는 작가이다. 그는 나의 주의를 집중시키고 포로로 만들기도 하고 때로는 용기를 북돋게 하며 그의 지도를 얌전히 따르거나 맹렬히 공격하고 싶도록 만드는 작가이다."라고 했습니다.

괴테가 31살 때 일메나우의 괴테의 오두막에 낙서처럼 썼던 명시名詩 한 수로 마무리합니다.

모든 산마루 위에는	Über allen Gipfel
고요가 깃들고	ist Ruh,
모든 나무 끝자락은	In allen Wipfeln
숨 죽은 듯	Spürest du.
미동 마저 없어	Kaum einen Hauch;
숲 속의 새들도 말이 없구나	Die Vögelein schweigen im Walde.
기다리려무나, 머지 않아	Warte nur, balde,
너 또한 쉬리니.	Ruhest du auch.
– 괴테 「나그네의 밤 노래」	– Goethe 「Wanderers Nachtlied」

라인 강에서 띄우는 문학 산책 7

괴테(J. W. von Goethe, 1947-1832)와 쉴러(J. C. Friedrich von Schiller, 1759-1805)의 찬란한 문화유산을 이어받은 독일문학계에는 기라성 같은 많은 문인들이 앞서거니 뒤서거니 배출되어 유구한 라인 강에 실려 세월과 함께 흘렀습니다. 괴테와 쉴러와 함께 동시대에 살면서 각자 명성을 떨치며 문학사에 큰 획을 긋고 건재하였던 작가들을 살펴보면: 빌란드(J. G. von Wieland, 1733-1813)를 위시하여 헤르더(J. G. von Herder, 1744-1803). 휠덜린(F. Hölderlin, 1770-1843). 티익(J. L. Tieck, 1773-1853). 노발리스(F. von H. Novalis, 1772-1801). 슐레겔(A. W. Schlegel, 1767-1845). 클라이스트(H. von Kleist, 1777-1845). 브렌타노(C. Brentano, 1778-1842). 아르님(A. Arnim, 1781-1831). 그림 형제(Jacob & Wilhelm Grimm, 1785-1863, 1786-1859) 그리고 시인이며 음악가, 화가로 다재다능한 예술가인 (우리에게 『호프만의 이야기』로 친숙하고

널리 알려진) 호프만(E. Th. A. Hoffmann, 1776-1857) 등 너무나 화려했던 시대였음을 알 수 있습니다.

이 시대에 이어 20세기 초반까지 활동한 작가들이 많이 있으나 오늘은 20세기 노벨 문학상을 수상한 작가들을 간략하게 살펴볼까 합니다.

20세기는 인류에게 참으로 불행하고 비참한 세기였습니다. 세계 제1 · 2차 대전이 일어나 수많은 인명이 비참하게 죽음을 당했으며, 볼셰비키혁명과 소비에트 연방이 탄생하여 세계권력 구조를 바꾸었고, 또 세계경제공황(1928), 히틀러의 집권(1933), 스페인 내란(1936) 등으로 문학 또한 전에 없이 끔찍한 소용돌이 속에 말려 들어간 시기입니다. 특히 독일에서는 나치정권의 등장으로 진정한 문학 활동의 연속성이 단절되었습니다. 그 결과 많은 작가들이 박해받고 추방되거나 또는 외국으로 망명을 했습니다. 그 대표적인 예가 토마스 만(Thomas Mann)이 1933년 스위스로, 1939년에는 미국으로 망명한 사실입니다. 헤르만 헤세(Hermann Hesse, 1877-1962)는 그 당시 스위스에 거주하고 있었음에도 작품 출판금지를 당했습니다. 독일에 남아 있던 작가들 중에도 작품 출판금지를 당하는 등 정신적으로 박해를 받은 사람이 많습니다. 그러나 에르빈 콜벤하이어(Erwin G. Kolbenheyer, 1878-1962)와 한스 그리임(Hans Grimm, 1875-1959) 등은 나치이념에 적극적으로 동조한 대표적인 나치작가입니다. 하지만 나치이념에 동조하지 않으면서 독일국내에 남아 있던 작가 가운데는 한스 카로사(Hans Karosa, 1876-1956)와 같은 이들이 있어 나치시대의 정신적인 공백을 다소나마 메우는데 기여했다고 볼 수 있습니다. 그러므로 이 시기의 독일문학은 다행하게 질과 양에 있어 결코 뒤지지 않았다고 할 수 있습니다. 비록 독일인들에게는 처참한 전쟁으로 심리적 상혼傷魂, 물질적 궁핍 등의 고통이 있었으나 독일 민족의 우월감으로 맹목적이고 광신적인 애국주의에 도취하기도 하였습니다. 그러나 작가들은 시대적 우수로 감수성에 깊은 상처를 입고 혼란과 절망과 비통으로 살아가지 않을 수 없는 시기였습니다.

이 혼란의 와중에 인류 발달에 학문적으로나 연구에 이바지하고 독창성을 중시하여 기여하는 사람에게 주어지는 세계에서 가장 권위 있는 노벨상賞이 제정되었습니다. 노벨 문학상은 "이상적인 방향으로 문학 분야에서 가장 기여한 작가에게 수여하라"는 알프레드 노벨(Alfred B. Nobel, 1833-1896)의 유언에 따라 스웨덴 국립 아카데미가 전 세계의 작가들 중에서 수상자를 선정하여 1901년부터 해마다 수여하는 것입니다. 여기에서 "기여"라는 표현이 있기 때문에 특정한 작품이 아니더라도 작가가 쓴 작품 전체를 기준으로 선정하기도 합니다. 스웨덴 아카데미는 수상자를 10월초에 발표하고 알프레드 노벨이 서거한 12월 10일 스톡홀름에서 스웨덴 왕이 손수 수여합니다.

지금까지 노벨 문학상은 총 113명(2013년 기준)에게 수여되었으며 두 사람에게 공동으로 수여된 경우가 4번이며 수여되지 않은 해도 7번 있었습니다. 수상자는 금으로 된 메달과 표창장 그리고 상금을 받습니다. 상금은 노벨 재단의 그해의 수입금에 준하여 수여되며 현재 약 90만 유로가 됩니다.

1901년부터 금년까지 노벨 문학상은 프랑스인 15명에게 수여되어 프랑스가 1위를 차지하고, 영국인 12명, 미국인 11명 그리고 독일인 10명으로 독일문학계가 4위로 많은 상을 받은 나라 중 하나입니다.

물론 노벨 문학상을 수상하지 못하였으나 문학사에 큰 자취를 남긴 독일작가들도 많이 있습니다. 예컨대 호프만스탈(Hugo v. Hofmannsthal, 1874-1929), 라이너 마리아 릴케(Rainer M. Rilke, 1875-1926), 카로사(Hans Carossa, 1876-1956), 그리고 프란츠 카프카(Franz Kafka, 1883-1924) 등이 그렇습니다.

독일에서 노벨 문학상을 수상한 작가들:

1. 테오도르 몸센(Theodor Mommsen, 1817-1903). 1902년에 수상하였으며 유일한 역사학자입니다. 『로마의 역사』라는 역작을 남겼기 때문입니다. 몸센은 그 시절 독일을 대표하는 역사학자 겸 고전 문헌학자입니다.

2. 루돌프 크리스토프 오이겐(Rudorf Eucken, 1846-1926). 1908년에 수상한 철학가입니다. 그는 독일 문단에 거의 알려지지 않았던 종교철학자였으나 그의 종교철학 서적에 깊은 감명을 받았던 스웨덴 왕 오스카 2세가 그를 스웨덴 아카데미 정회원으로 임명하였던 것입니다. 하여 수상 후 적잖은 구설수에 올랐다고 합니다.

3. 파울 요한 루드비히 폰 하이제(Paul J. von Heyse, 1830-1914). 1910년에 수상한 독일의 소설가이며 극작가입니다. 120여 편의 단편과 70여 편의 희곡을 썼으며 장편 소설 『현세의 사람들』, 『낙원』으로 극찬을 받았습니다.

4. 게하르트 하웁트만(Gerhart Hauptmann, 1862-1946). 1912년에 수상한 독일의 희곡작가입니다. 그는 대표적인 독일 자연주의 작가로서 자연주의 연극의 대표작 『직조공들, Die Weber』(1892)은 그

시절 최고의 걸작이며『하넬레의 승천, hanelles Himmelfahrt』(1893)과 『침종, Die versunkene Glocke』 등이 유명하며 독일 국민들의 지대한 존경을 받았습니다. 히틀러 집권 후 집권당인 NSDAP에 입당을 원했으나 그의 낭만주의적 성향 때문에 거절당한 다음부터는 정부와 긴장 속 공생관계를 이어갔던 것으로 알려지고 있습니다.

5. 토마스 만(Thomas Mann, 1875–1955). 1929년에 수상하였고 그는 소설가이자 평론가였습니다. 그는 1933년 나치정권과 맞서 결국 독일을 떠나 남 프랑스, 스위스를 거쳐 1939년 미국으로 망명하였으며 1936년 나치정권으로 하여금 독일 시민권을 박탈당했습니다. 2차 대전 후 1952년 이후 스위스 취리히 근처에서 여생을 보냈으며 독일을 규칙적으로 여행을 하였으나 귀환하지 않았습니다. 그의 소설은 사상적인 깊이와 높은 식견, 연마된 언어 표현, 짜임새 있는 구성으로 20세기 독일 제일의 작가라고 합니다. 12년간의 노력의 결과로 장편소설 『마魔의 산山, Der Zauberberg』(1924)을 발표하여 독일 문학계에 중요한 위치를 굳혔습니다. 그의 중요한 작품을 열거하면,『꼬마 프리데만 씨』(1896),『부덴브로크 家』(1901),『토니오 크뢰겔』(1903),『대공 전하』(1909),『베네치아에서의 죽음』(1912),『魔의 山』(1924),『요셉과 그의 형제들』(1933-43),『자유의 문제점』(1937),『바이마르의 롯테』(1939),『파우스트 박사』(1947),『거룩한 죄인』(1951),『사기꾼 펠릭스 크룰의 고백』(1922-1954) 등이 있습니다.

6. 헤르만 헤세(Hermann Hesse, 1877–1962). 1946년 수상하였습니다.

7. 넬리 작스(Nelly Sachs, 1891–1970). 1966년 독일에서 여성으로 첫 수상한 넬리 작스는 유대인으로 독일 베를린에서 출생하였으나 히틀러 집권 후부터는 유대인 학살의 공포로 불안한 나날을 보내다가

결국 1939년 스웨덴으로 망명을 하여 경제적으로 매우 어려운 세월을 보내야 했습니다. 그녀는 자신의 시집을 모두 독일어로 발표하였음에도 1950년 후반까지는 별로 주목을 받지 못하였습니다. 1959년 BDI 서정시 부문 최우수 수상자로 결정되었으나 독일 땅을 밟지 않겠다며 시상식 참석을 거부하였습니다. 이듬해 Droste상 수상자로 발탁되어 20년 만에 처음으로 독일 땅을 밟았으나 젊은 시절 나치의 끔찍한 횡포를 겪었던 과거사에 시달려 스웨덴에 돌아와 3년 동안 정신병원에서 요양을 해야만 했습니다. 그녀는 낭만주의 시인이며 극작가로 동방의 지혜까지 섭렵涉獵한 작가입니다. 시집으로 『죽음의 집에서』(1947), 『星蝕성식』(1949), 『이상향으로의 행진』(1960)과 1966년 노벨 문학상을 수상한 시극 『엘리』(1962)가 있습니다. 그리고 희곡으로 『그리고 아무도 더 이상 모른다』(1957), 『그러나 이 태양도 역시 고향이 있다』(1957), 『피란과 방황』(1959), 『모래 속의 미소』(1964) 등이 있습니다.

8. 하인리히 뵐(Heinrich Böll, 1917-1985). 1972년 수상한 소설가이며 독일 쾰른에서 출생하였습니다. 그는 2차 대전에 징집되어 전투에 참가하고 복무하던 중 1945년 4월 미군의 포로가 되었으며 2년이 지나 나이 30세에 전업 작가가 되었습니다. 작품은 주로 전쟁에서 겪은 것과 전쟁의 참사를 바탕으로 다루고 있으며 『열차는 정확했다』(1949)로 시작 1951년 47클럽문학상을 수상하면서 문인으로서 그 위치를 굳혔습니다. 『그리고 아무 말도 하지 않았다』(1953)로 비평가와 독자로 하여금 극찬을 받으며 작가로서 대성공을 하였습니다. 1971년 성취지향의 사회에 대한 저항을 담은 『여인과 군상』으로 더욱 작가의 위상을 높여 노벨 문학상을 받았으며 그의 작품은 30여 개국 이상

번역되었는가 하면 독일인들이 애독하는 작가 중 한 사람입니다. 그는 독일인으로서 1971년 최초의 국제 펜클럽 회장으로 선임되었습니다. 주요작품으로 『유언』(1948)을 위시하여 많은 (26편 이상) 작품을 남겼습니다.

9. 귄터 그라스(Günter Grass, 1927–2015). 1999년에 수상한 소설가, 조각가, 화가, 그래픽 디자이너입니다. 지금의 폴란드 그단스크에서 독일계 아버지와 슬라브계 어머니 사이에서 태어났으며, 1944년 무장친위대에 자원입대하여 2차 대전에 참전하였고 부상을 당해 미군에 포로로 잡혀 1년 가까이 포로수용소에 수감되기도 했습니다. 그는 1959년 간결하고 묘사적인 언어로 영화화까지 된 작품 『양철북, Die Blechtrommel』을 발표하여 2차 대전 이후 처음으로 세계문학계에 명성을 날렸습니다. 이어 『고양이와 쥐』(1961), 『개의 해』(1963), 『달팽이의 일기』, 『넙치』(1979), 『암쥐』(1986), 『광야』(1995), 『게걸음으로 간다』(2002) 등이 있습니다.

10. 헤르타 뮐러(Herta Müller, 1953–). 2009년에 수상한 루마니아 태생의 독일 소설가, 시인 그리고 에세이 작가입니다. 여성으로서 노벨 문학상을 12번째 받은 작가로 루마니아의 바나트-슈바벤에서 출생하였으며 그 곳은 독일어 사용의 소수민족에 속합니다. 이러한 출신 배경과 환경 그리고 가족사가 그녀의 작품 주요 내용의 특징입니다. 그녀는 소설 『저지대』(1982)로 문단에 등단하였으며 소설 『숨그네, Atemschaukel』(2009)가 루마니아 정부의 금서령을 받았습니다. 1987년 서독으로 이주하여 에세이집 『왕은 목례를 하고 죽인다』(2003), 단편집으로 『인간은 지상의 커다란 꿩이다』(1986), 『여우는 이미 사냥꾼이었다』(1992), 『오늘 내가 나를 만나지 않았더라면』(1997) 그리고 냉정

하고 아름다운 언어로 엮은 시집 『쪽진 머리 안에 한 부인이 산다』(2001), 『모카 커피잔을 든 창백한 신사들』(2005) 등이 있습니다.

노벨 문학상을 수상한 작가들은 이렇듯이 언어가 만든 마술로 사람들의 심금을 울리는 작품들로 세계 문학사를 크게 빛내었습니다.

노벨상을 수상한 이들 열분 가운데 한 사람으로 독일어로 가장 아름다운 문체와 섬세한 묘사, 밀도 있는 성실한 삶의 내용이 담겨 있는 작품으로 전 세계 사람들이 감동하는 시인이며 소설가 그리고 화가인 '헤르만 헤세'에 관하여 앞으로 말씀드리려 합니다.

라인 강에서 띄우는 문학 산책 8

헤세는 1946년에 노벨 문학상과 괴테 문학상을 수상한 20세기 독일 문학을 대표하는 작가 중 한 사람입니다. 그의 작품은 전 세계 60여 개국 언어로 번역되었으며 시대와 문화를 초월하여 사랑받는 작가입니다. 그의 시詩는 한 구절 한 구절 마다 편안하고 간단명료한 단어이면서 울림이 큰 시적 언어로 우리에게 감동을 줍니다. 뿐만 아니라 그의 소설은 인간의 내면의 갈등을 집중적으로 다루고 원초적 본능이라 할 수 있는 청춘에 대한 그리움과 자연에 대한 동경, 자유를 꿈꾸는 지극히 인간적인 동경과 사랑의 가치가 수반하여 있기에 현대인에게 큰 호소력을 얻고 있는데 이는 무엇보다 이웃집 아저씨 같은 편안한 인간적인 면이 내재하고 있기 때문입니다.

그리고 헤세는 정상적인 학교 교육을 제대로 거치지 않았음에도 불구하고 자신의 삶을 뜨거운 피(열정)로써 키워 만든 것입니다.

헤르만 헤세(Hermann Hesse, 1877-1962)

그 속에는 자신과의 싸움에서 이긴 그 자신에서 흘러나온 내면적인 감정과 사상이 무수히 함께하고 있기 때문입니다. 자기 자신에 이르는 구도求道의 길을 끊임없이 탐구하고 도전하며 발전해 가는 삶이라 하겠습니다. 힘든 고통과 좌절과 방황 역시 자기 자신에 이르기 위한 하나의 과제로서 스스로 감내 해야만 하는 체험은 곧 하나의 과정이며 결국 그 누구도 함께할 수 없고 그리고 모든 것은 다 지나가기 마련이므로 포기하지 않고 꾸준히 인내로써 도전하는 것이라는 메시지를 그의 작품으로서 우리에게 시사하고 있습니다. 예컨대 그의 시詩 「마른 잎」에서 그 진면목을 엿볼 수 있습니다.

모든 꽃은 열매가 되려 하고	Jede Blüte will zur Frucht,
모든 아침은 저녁이 되려 한다.	Jeder Morgen Abend werden,
지상에는 변화와 흐름이 있을 뿐	Ewiges ist nicht auf Erden

영원한 것은 없다	Als der Wandel, als die Flucht.
제 아무리 아름다운 여름도 언젠가는	Auch der schönste Sommer will
가을과 조락凋落을 느끼게 됨이니	Einmal Herbst und Welke spüren.
잎이여, 바람이 불어와 유혹하더라도	Halte, Blatt, geduldig still,
묵묵히 끈기 있게 참고 견디어다오	Wenn der Wind dich will entführen.
너의 놀이를 즐기고 저항하지 말렴	Spiel dein Spiel und wehr dich nicht,
모든 것 조용히 그냥 내버려 두렴	Lass es still geschehen.
너를 꺾어 버리는 바람에 실려	Lass vom Winde, der dich bricht,
본향本鄕으로 날리어 가렴.	Dich nach Hause wehen.
– 헤세, 「마른 잎」	– Hesse, 「Welkes Blatt」

헤세는 사물과 사람을 있는 그대로 그림을 그리면서 시와 소설로써 사람들을 훈계하고 있습니다. 그의 삶은 평범한 삶이 아니라 도전하고 변화하는 것이었습니다. 고독한 방랑자로서 자기 자신을 찾기 위하여 안일한 삶을 마다하고 힘들고 외로운 인생행로를 기꺼이 걸어가야만 했습니다. 그 과정에서 매 순간은 그 자체로 의미가 있고 소중하였으며 모든 고난을 감내하는 것으로 경험을 쌓고 때가 되면 모든 것은 지나가는 것이므로 자기 자신을 찾기 위해 노력하는 한 누구에게나 삶은 아름답고 소중하다고 했습니다.

"나는 이렇게 마음먹었다. 내 삶을 초월하는 것은 한 계단 한 계단 앞으로 나아가는 것이어야 한다"고 그는 그의 1943년 작품 소설 『유리알 유희, Das Glasperlenspiel』에서 말하고 있습니다.

그리고 헤세에 대한 가장 대표적인 전기 중 하나는 후고 발(Hugo

Ball)이 헤세의 50세 기념으로 상재上梓한 헤세의 첫 전기로 1927년에 출간되었습니다. 그는 헤세를 "찬란한 낭만주의의 마지막 기사騎士"라고 표현했습니다. 그렇습니다. 헤세는 끝없이 낭만을 추구하며 과거를 되돌아보면서 청춘을 그리워했으며 이성을 향한 동경과 호기심을 감미로운 심리묘사를 통하여 잘 표출하고 있습니다. 뿐만 아니라 특히 헤세의 작품은 자전적 경향으로 그의 생애 마지막 18년간 나온 산문에서 숨김없이 나타내고 있습니다. 그리고 그의 대부분의 작품에서는 작중 인물로 본인이나 자기 주변의 인상 깊게 경험한 인물들의 모습이 담겨 있습니다. 그래서인지 헤세의 글에는 지극히 인간적인 냄새가 납니다. 하여 세계 어느 작가보다 우리에게 친숙할 뿐만 아니라 늘 함께하고 싶은 작가로서 널리 알려진 그의 작품은 특별히 청소년들에게 가장 많이 읽혀졌으며 그 영향력은 잴 수 없을 만큼 지대합니다. 여담으로 한때 '히피'들은 '성자聖者 헤세'라고 불렀습니다.

괴테의 『젊은 베르테르의 슬픔』 못지않게 헤세의 『데미안, Demian』이나 『知지와 사랑, Narziss u. Goldmund』 또는 『수레바퀴 아래서, Unterm Rad』가 젊은이들을 사로잡았던 것입니다. 그런가 하면 그의 작품은 우리 주변에 깔려 있는 손쉬운 줄거리와 아름다운 문장 구성과 언어 속에 숨겨진 신비한 매력으로 시대를 초월하여 늘 우리 곁에 머물러 있어 우리에게 감미로운 기쁨을 안겨 줍니다.

독일의 유명한 소설가이며 평론가이고 노벨 문학상을 수상한 토마스 만(Thomas Mann)은 헤세의 작품을 가리켜 "각 작품이 지니고 있는 이국적 개성에도 불구하고 독일의 순수한 낭만주의에 근저를 두고 있으며 세계와 시대로부터 우러나는 해학적인 변덕과 신비적인 동경은 우리시대의 작품 가운데 가장 고결하고 순수한 정신적 열망을 담고 있다"라고 평하였습니다.

그리고 1985년 베른하르드 첼러(Bernhard Zeller)가 쓰고 로보흘트(Rowohlt 일명 ro ro ro)출판사에서 출간한『헤르만 헤세』자서전 첫 쪽 첫 줄에 헤르만 헤세는 "내 출생과 어린 시절을 이야기하려면 나는 내 조상과 내 어린 시절에 관하여 말하지 않으면 안 된다."라고 했습니다. 이 말을 헤세는 그의 대표작 중 하나인 소설『데미안, Demian』(1919)에서도 말하고 있습니다. 또한 그는 자신의 어린 시절을 회상할 때마다 느끼는 감명을 예컨대『헤세 수필집』에 여실히 시사示唆하고 있습니다.

"부모와 스승의 교육뿐만 아니라 나의 어린 시절을 통해 더욱 차원 높고 보다 신비적인 힘으로 영향을 준 것은 하나의 작은 판(Pan, 목축 및 숲의 신神) 신神이었다. 춤추는 힌두 우상의 작은 형체 속에 숨어 나의 외할아버지 유리 캐비닛 위에 놓여있던 이 신상神像은 나의 어릴 때를 사로잡기에 충분한 신비의 원형이다. 이 작은 신상은 내가 동양에 관하여 읽고 쓰기 전 고대 동양 상념의 구체적인 모습으로써 내 마음속을 가득 채워 주었고 훗날 내가 인도나 중국의 현인賢人들을 만날 때마다 그것은 내 마음 속에서 고향을 찾는 듯한 재회의 추억을 맛보게 해주었다. 나는 서구적인 활동성을 타고난 유럽인이고 따라서 나의 전생에는 성급하고 탐욕스럽고 그리고 억제할 수 없는 호기심으로 표현되는 서구적 도덕관념을 꾸준히 실천해 왔다."라고 했습니다.

헤르만 헤세(Hermann Hesse)는 1877년 7월 2일 독일 남서부 바덴-뷔르템베르크(Baden-Württemberg)주의 슈바르츠 발트(Schwarz Wald

일명 검은 숲) 북쪽으로 여느 도시처럼 볼거리가 있는 성城이나 유명한 성당 또는 미술관이나 박물관 같은 것이라고는 없는 작은 마을 칼브(Calw)에서 아버지 요하네스 헤세(Johannes Hesse, 1847-1916)와 어머니 마리 군데르트(Marie Gundert, 1842-1902)의 장남으로 태어났습니다. 아버지 요하네스 헤세는 러시아령의 이스트란드(Estland)의 의사이며 선교사인 칼 헤르만 헤세 박사의 아들로 태어났습니다. 어머니의 집안은 뷔르템베르크 지역에서 대대로 개신교 교회사에 이름이 있을 만큼 독실한 신자집안으로서 헤세의 외할아버지 요하네스 군데르트는 독일의 저명한 인도학자이며 선교사로서 그가 인도에서 선교활동을 할 때 헤세의 어머니 마리가 인도에서 태어났습니다. 그녀는 32살 때 남편과 사별하고 그 후 그녀의 아버지 제자로 있던 요하네스 헤세와 재혼을 하였습니다. 그때 그녀는 남편보다 5살 연상이었으며 슬하에 두 아들을 두고 있었습니다. 헤세의 형제는 5남매로 누이 아델레(Adelle, 1875-1949), 동생 파울(Paul, 1878 출생 해에 사망), 여동생 게르트루트(Gerturud, 1879-1880: 같은 이름의 작품이 있음)였습니다. 하지만 두 동생은 일찍 사망하고 이어 마리(Marie, 1880-1953)와 한스(Hanns, 1882-1935: 작품 인물 중에 가끔 등장하는 이름)로서 두 동생이 있습니다.

헤르만 헤세는 양가의 할아버지 이름 헤르만을 받았으며 그 두 분의 지적 소양과 폭넓은 학식으로 그의 세계관 확립에 있어 큰 영향을 받았습니다. 그리고 헤세의 외삼촌 빌헬름 군데르트 또한 일찍 개명開明한 인물로 일본에서 교육가로 활동하며 불교 연구의 권위자였습니다.

이러한 유서 깊은 신학자의 유복한 집안에서 진취적이고 앞서가는 지적 소양의 가정환경의 영향을 받아 그는 동양사상에 관하여 관심을 갖게 되었으며 그리하여 동양과 서양, 현실과 이상, 신과 자연을 깊은 통찰력으로 꿰뚫은 심오한 그의 문학세계를 이루게 되었다고 하겠습니다.

"다행히 나는 가장 가치 있고 빼놓을 수 없는 귀한 것들을 학교에 입학하기 전에 배웠다. 사과나무들, 비 내린 후의 맑은 햇살, 강과 숲, 꿀벌들이 윙윙거리는 모습과 갑충甲蟲들이 나의 스승이었고 판神과 나의 외할아버지의 밀실에 보관되어 있던 춤추는 우상들로부터도 배웠다. 이런 것들과 더불어 나의 학교 공부가 추가되어 즐겁고 쉽게 나를 성장케 하였다."라고 헤세는 그의 산문집에 어린 시절을 술회하였습니다.

헤르만 헤세 가족(왼쪽부터 헤르만 헤세, 아버지, 여동생 아델레, 어머니)

헤세의 가족은 헤세가 5살 때 1881년 칼브에서 바젤(Basel)로 이사하여 1883년 스위스 국적을 취득하였으나 다시 1886년 9월에 칼브로 돌아 왔습니다. 헤세는 칼브의 라틴어학교 2학년에 전학을 하였으며 1890년 11월 헤세의 장래를 위하여 명문신학교 진학의 준비로서 헤세의 아버지와 헤세는 뷔르템베르크의 거주민이 됨과 따라 동시에 스위스의 시민권을 상실하게 되었습니다. 이리하여 장래 신학자가 되기 위하여 괴핑겐(Göppingen)에 있는 라틴어학교에 다시 전학을 하여 착실한 학생으로 공부한 결과 우수한 성적으로 졸업과 동시에 비로소 뷔르템베르크 국가시험에 합격을 함으로써 공납금 면제를 받고 지방 관료나 목사가 될 수 있는 첫 관문을 통과하였습니다. 마침내 헤세가 14살 때 1891년 명문 개신교 신학교이자 수도원인 마울브론(Maulbronn) 수도원 신학교에 입학하여 부모의 기대를 저버리지 않았습니다.

라인 강에서 띄우는 문학 산책 9

하지만 헤세는 선천적으로 자유롭고 꿈 많은 영혼의 소유자로서 엄격하고 구칙적인 신학교생활에 적응하지 못하고 질풍노도의 사춘기 발동이 더하여 1892년 3월 7일 마울브론 신학교를 아무런 예고도 없이 외투도 입지 않고 가진 돈도 없이 점심시간 후에 갑자기 자취를 감추었습니다. 학교에서는 사방팔방 헤세의 행방을 좇았으나 도저히 찾지 못하여 경찰에 실종 신고를 하였습니다. 헤세는 하루가 지난 다음날 점심시간 무렵 지치고 굶주린 모습으로 한 경찰관과 함께 학교로 돌아왔습니다.

학교를 탈출한 그는 23시간 동안 정처 없이 발길 가는 대로 산과 들을 헤매고 뷔르템베르그, 바덴, 그리고 헷센을 두루 돌아다녔습니다. 밤이 되어 영하 7도의 추위에 떨며 노숙을 하였습니다.

그가 신학교를 탈출한 이유는 “시인이 되지 않으면 그 무엇도 되지 않겠다.”는데 있었습니다. 하긴 그는 13살 때부터 “시인이 아니면 아무 것도 안 되겠다.”는 각오가 확실하였다고 그의 자서전에 술회하였습니다.

엄격한 학교의 규율을 어긴 학교의 처벌도 처벌이지만 그는 스스로 자신에게 벌을 주기 위하여 물과 음식을 거부했습니다. 하지만 그는 몸과 마음이 지칠 대로 지친 와중에도 호머(Homer)의 『오딧세이, Odyssee』의 E.260ff에 열중하였다고 합니다. 그리고 부모님께 심려를 끼쳐 죄송하다고, 청하고자 하는 것은 못난 자기를 전과 다름없이 사랑하여 주시기 바란다는 편지를 그의 부모님께 썼습니다.

헤세는 엄격하고 매사 빈틈없는 아버지보다 자애로운 어머니를 많이 따랐습니다. 어머니 마리는 자그마한 체구에 친정어머니의 프랑스쪽 혈통을 받아 자상하고 부지런한 여인으로 음악을 무척 사랑하고 40년간 일기를 썼으며 그 일기를 후일 헤세의 누이 아델레가 『일기선집』으로 상재했습니다.

“1877년 7월 2일 월요일. 하느님의 은혜로 6시30분 소중한 아기를 우리에게 선물해주셨다. 건강하고 귀여운 아기, 초롱초롱한 푸른 눈동자는 밝은 빛을 좇아 머리를 돌리고 바라보았다.”라고 헤세의 출생과 그리고 성장과정을 일기에 상세히 기재하고 있습니다.

“1882년 3월 27일. 헤르만(헤세)은 말없이 유아원에 가지 않았다. 그래서 나는 헤르만을 손님방에 가두었다. 그랬더니 “이렇게 한다고 해서 도움이 되지 않을 것입니다. 나는 창문을 통해 밖을 보고 이야기를 할 것입니다”하고 저녁에는 침대에 누워 오랫동안 노래를 부르거나 자작시를 읊었다. 그래서 헤르만에게 갔더니 “그것 봐요. 나는 사이렌(희랍의 신神으로 아름다운 노래로 뱃사람을 유혹했다는 반인반조半人半鳥 바다의 요정. 오늘날 경보기)처럼 아름답게 노래할 수 있으며 그 새처럼 고약할 수 있어요"라고 했다."

헤세의 어린 시절은 밝고 환상적인 기질로 매사에 관심이 많고 힘이 넘쳤으며 특별히 그의 부모와 조상의 진취적이고 신학적인 정신세계의 영향을 이어 받아 일찍이 그 재능이 나타났습니다. 이미 4살 때 어린이답지 않게 놀랄 만큼 이해력이 빨랐고 자기주장이 확고하였다고 합니다. 그런가 하면 달과 구름을 유심히 바라보고 그 조화를 오랫동안 관찰한 다음 연필로 신통하게 그림을 그렸고 또한 노래를 곧잘 부르면서 자작시를 읊었다고 합니다. 이렇듯 그는 어릴 때부터 남다른 재능을 나타내었으며 뛰어났다고 합니다.

헤세는 학교를 무단 탈출한 사건으로 친구들의 부모가 헤세를 멀리하라는 강력한 권고로 친구들마저 잃게 되어 그야말로 왕따를 당하여 더욱 그는 외로움의 수렁에 빠지고 말았습니다. 부활절 방학이 끝난 다음 다시 마울브론 신학교에 돌아왔으나 더욱 신경이 예민해져 걸핏하면 화를 내고 거칠게 행동을 하여 주변 사람들은 헤세를 꺼리게 됨에 그는 마음의 문을 닫아버렸고 그 증세는 나날이 악화하여 어쩔 수없이 학교를 입학한지 7개월 만에 휴학(자진 퇴학)을 하지 않을 수 없었습니다. 결국 그는 1892년 5월에서 그해 말까지 건강을 위하여 휴학을 하게 되었습니다. 휴학하기 전인 3월 12일에 그는 그의 부모에게 아래와 같은 편지를 썼습니다.

"나는 몹시 피로하고 힘이 없고 만사가 귀찮아졌습니다. 나는 아프지 않으나 이상하게 기운을 차릴 수 없으며 그 무엇이 나를 꽁꽁 묶고 있습니다. 내 머리는 뜨겁게 불타고 있으나 내 발은 어름처럼 찹니다. 나는 저녁노을이 가는 그곳으로 가고 싶습니다."라고 하였습니다. 그가 이런 편지를 쓴 것을 보면 이미 일종의 우울증을 앓고 있었음을 알 수 있습니다.

"4년 넘게 내가 하고자 하는 것은 빗나가고 나를 받아 줄 학교는 어느 곳에도 없었으며 나를 오래 감당할 수 있는 선생도 만나지 못했다. 내 주변 모든 사람들은 나를 쓸모 있는 사람으로 만들려고 했으나 모두가 허사였다. 여러 번에 걸쳐 나는 불온한 행동과 소동을 일으키고 도망을 치거나 쫓겨나기 일쑤였다."라고 그는 자서전에 그때를 술회했습니다.

헤세는 결국 사춘기에 접어들며 문제아가 되어 부모는 물론 그 누구도 감당할 수 없는 존재가 되고 말았습니다. 그러던 중 1892년 5월 헤세 집안과 각별히 친하게 지내던 신학자 그리스토프 블룸하르트(Christoph Blumhart)에게 헤세를 맡기게 되었습니다. 처음 얼마 동안에는 그의 가르침과 기도의 힘을 입어 헤세의 병세가 다소 수그러져 좋아지고 있었습니다. 그런데 공교롭게 그때 헤세는 짝사랑을 하게 되어 그 짝사랑의 고뇌를 이겨내지 못하고 권총으로 자살기도를 하게 되었습니다. 이 사건으로 더는 헤세에게 도움을 줄 수 없다고 생각한 블룸하르트는 헤세를 그의 부모에게 돌려보내었습니다.

헤세의 부모는 어쩔 수 없이 아들 헤세를 슈투트칼드 가까이에 있는 램스탈(Remstal)에 있는 정신요양원에 입원시켰습니다. 그곳에서 그는 정신박약아 어린이들을 돌보는 도우미로서 일하며 육체적으로 도움을 줄 수 있는 정원 일도 하고 끔찍한 자기 분열적인 고통(염세관)과 사춘기를 서서히 극복하여 1892년 10월 5일 정신요양원을 퇴원했습니다.

마침내 헤세는 11월 2일 바트 칸슈타트(Bad Cannstatt)에 있는 김나지움(Gymnasium 고전어 교육을 주로 하며 초등학교와 대학을 연결하는 중고등학교로서 8-9년제)에 진학을 하게 되었습니다. 새로 재출발의 학생생활을 하면서 그는 자주 술집을 기웃거리며 때로는 외상으로 술을 마시기도 하고 오락가락하는 정신적인 고통과 뉘우침으로 몸살을 앓으면서도 우리에게 너무나

로렐라이 언덕에서 필자(1980년 3월)

친숙한 「로렐라이」의 작사가인 시인 하인리히 하이네(Heinrich Heine, 1797-1856), 독일의 시인이며 소설가인 아이헨도르프(Joseph F. Von Eichendorff, 1788-1857), 러시아문학의 황금기를 수놓았던 문호 니콜라이 고골(Nikolei Gogol, 1809-1852)과 사실주의 소설가 이반 투르게네프(Ivan S. Turgenjev, 1818-1883)의 작품에 심취하여 밤이 늦도록 읽었습니다. 그럭저럭 일 년을 별 탈 없이 지나는 동안 그 말썽 많던 생활로부터 서서히 안정을 얻어 일 년에 한 번 있는 자격시험에 합격을 하였으나 돌연 그는 학교를 그만두었습니다. 다행으로 그 시절 헤세는 칸슈타트 학교에서 오직 한 사람, 젊은 선생 카프(Kapff) 박사와 마음을 터놓을 수 있는 사이가 되었으며 훗날에도 그들의 인연은 스승이며 친구로서 이어지고 있습니다.

“이제서야 나는 그런대로 다시 마음의 안정과 삶의 즐거움을 찾았습니다. 다시 말해서 나는 정신적으로 건강을 되찾았습니다. 절망의 시기에는 매사 화가 났고 모든 일을 남의 탓으로 돌리고 미워하고 늘 자살을 염두에 둔 몹쓸 생각에 감싸여 끊임없이 괴로웠습니다. 그러나 이제부터는 슬슬 문학을 지향하는 ‘나(Ich)’를 만들려고 합니다. 그야말로 광폭한 질풍노도(Sturm und Drang; 18세기 독일 문학상의 한 경향 약 1770년 - 1780년) 시기를 멋지게 극복했습니다.”라고 스승이자 친구인 카프 박사에게 편지를 썼습니다.

헤세는 드디어 1893년 10월 스스로 일어서기 위하여 에스링에 있는 마이어 서점에 견습공으로 취직을 하였습니다. 하지만 또다시 허무감에 발동이 걸려 일에 흥미가 없고 매사 귀찮아 일할 용기마저 잃고 결국 3일 만에 그만두었습니다. 이리하여 헤세의 아버지는 그런 아들을 어떻게 다루어야 할지를 몰라 우선 집으로 데리고 왔습니다. 집으로 돌아온 헤세로 하여 그의 부모는 물론 그의 형제들까지 힘들고 괴로운 나날을 보내야만 했었습니다. 헤세는 반년 넘게 달팽이처럼 자신의 삶의 고통 속에서 움츠리고 괴로워하며 방황하다가 마침내 고통을 박차고 일어나 1894년 6월 어느 날 스스로 자신의 갈 길을 찾아 칼브 시에 있는 탑시계 공장에 입사를 했습니다. 헤세는 그 탑시계 공장에서 매일 갈고 깎고 닦는 일을 1894년 9월까지 14개월간 종사했습니다. 그러다 시계기사 국가 자격시험에 응시하여 합격을 하였습니다. 하지만 천편일률적인 지루한 일에 차츰 싫증을 느끼는 동시에 무엇인가 새로운 것에 도전하고픈 욕구로 지적知的이고 문학적인 일을 하기로 마음을 굳혀 튀빙겐(Tübingen)에 있는 서점에 견습생으로 취업을 하였습니다.

1895년 10월 17일 헤세는 대학 신입생이 아닌 서점 견습생으로 하루 10-12시간 서서 글을 쓰는 높은 책상이나 서가 앞에 서서 일해야만 했습니다. 한 시간의 점심시간을 제외하고 아침 7시 30분에서 저녁 7시 30분까지 고된 생활을 4년(1899년) 간이나 다른 동료들과 마찬가지로 헤세는 책을 정리정돈하고 포장을 하고 우송하는 일에 종사하였습니다. 이때 그는 미사전례의 카탈로그를 접하게 되어 신학 공부를 하게 되었으며 시간의 흐름과 함께 서점 상인의 부기에도 관심을 갖게 되었습니다. 이 서점에는 주로 신학, 철학, 법학을 다루는 서적들이 많고 엄청 큰 책 창고와 거기다 책 제본실을 갖추고 있었습니다. 지적 호기심이 강했던 헤세는 책을 친구로 할 수 있는 좋은 여건 하에 외로움과 정신적인 안정을 위하여 서서히 독서에 몰두하게 되었습니다. 더욱 손쉽게 접할 수 있는 그의 부모의 서재에 있는 책들과 외할아버지의 보물과 같은 귀한 책들을 틈 날 때마다 접할 수 있어 좋은 친구가 되어 학교에서 배우는 공부 못지않게 책으로 많은 것을 배우게 되었습니다.

이리하여 헤세는 괴테를 비롯하여 낭만주의의 문학과 딕켄스(Charies Dickens, 1812-1870), 헨리 필딩(Henry Fielding, 1707-1754), 미겔 데 세르반테스(Miguel de Cervantes, 1547-1616), 한스 폰 그림멜스하우젠(Hans J. von Grimmelshausen, 1621-1676), 헨리크 입센(Henrik Ibsen, 1828-1906) 그리고 에밀 졸라(Emile Zola, 1840-1902) 등을 즐겨 읽었으며 이와 때를 같이 하여 아이헨도르프 문체의 시를 썼습니다. 그는 이 시절 학교나 학원이나 또는 개인교수 수업을 받지 않고 주경야독晝耕夜讀으로 자신을 키웠습니다.

그리고 카프 박사에게 1895년 5월에 아래와 같은 편지를 보내었습니다.

“이제야 그동안 저가 헛되이 한 삶을 보다 깊고 신중하게 목적의식을 갖고 살아감으로 행복합니다. 모든 것은 스스로 감당해야만 하는 것이며 배운다는 것이나 자유롭게 산다는 것 그리고 진심과 고귀한 것: 이 모든 것을 위하여 눈으로 지켜야만 합니다.” 그리고 그는 “내가 너무도 헛되게 보낸 지난 시간들을 지금처럼 안타까워 한 적은 없습니다. 좋은 책과 유익한 글을 읽지 못하고 낮 시간에 일하는 것이 육체적으로 피로하게 하나 이것은 내 삶의 일상사에 속함으로 내 삶을 더욱 값지게 할 것입니다.”라고 하였습니다.

사실 헤세는 초등학교 4년(스위스 바젤에서 초등학교 입학, 2학년 때 독일 칼브 시 라틴어학교에 전학, 다시 괴핑겐 라틴어학교 전학)과 마울브론 신학교 7개월, 바트 칸슈타트 김나지움 1년이 그의 학력입니다.

하여 독일의 교육 제도 전반에 관하여 간략하게 말씀 드리고자 합니다.

독일에서는 1100년에 들어 이를테면 오늘날의 직업학교(Berufsbildung)의 시초로 수공업手工業으로 그 직인職人들이 우두머리(스승)의 지도를 받는 것으로 학교가 시작하였습니다. 마치 우리나라의 고려시대부터 조선시대에 걸쳐 계속된 비형식적인 사설 교육 기관인 서당書堂과 흡사한 것이었습니다. 이리하여 독일에서는 차츰 학교의 틀을 잡아 발전하여 신성로마제국의 알프스산맥 북쪽으로 프라하의 카렐 대학교와 빈 대학교 다음으로 3번째로 1386년 하이델베르크 대학이 독일에서 처음

대학으로 탄생하였습니다.

독일의 교육은 전적으로 모든 교육이 국가에 의해 이루어져 왔습니다. 유아원에서 초등학교, 중 · 고등학교를 거쳐 대학에서 박사에 이르기까지 독일 국민뿐만 아니라 유학생 역시 일정의 행정비용을 제외하고는 거의 등록금(수업료) 면제입니다. 국립대학은 무료이나 사립대학인 경우 비싼 등록금을 지불해야만 합니다.

제2차 대전 후 미국의 대독 교육사절단이 제시한 보고서에 의하면, "고대의 그리스나 로마를 제외하고 독일만큼 우리들 문명의 공통적 재보財寶를 위해 기여한 국가는 없다"라고 한 것으로 보아 그들이 독일 교육 문화에 대한 큰 존경심을 갖고 있었다는 것을 알 수 있습니다.

이른바 독일의 전통적 학교 제도라 함은 바이마르 시기 이래의 복선형학교체제를 계승한 것으로서 4년제 기초학교 즉 초등학교를 수료한 다음 3개 코스 즉 김나지움(9년), 레알슐레(6년), 하우프트슐레(5년)을 각자 능력과 취향에 따라 선택할 수 있는 것을 뜻하는 것 입니다.

1. 독일에서는 만 세 살이 되면 유아원(Kindergarten)에 갈 수 있으나 의무교육은 아닙니다. 만 6살이면 초등하교(Grundschule)에 가게 되고 초등학교 과정은 4년이며 의무교육입니다. 초등학교에 이어 곧 상급하교에 진학을 하게 되며 이때 그 학생의 능력과 취향 그리고 담임과 학부모의 의향에 따라 9년 과정인 김나지움(Gymnasium 5학년-13학년)이나 6년 과정인 레알슐레(Realschule 5학년-10학년) 또는 5년 과정인 하웁트슐레(Hauptschule 5학년-9학년)를 선택할 수 있습니다.

2. 김나지움 과정을 수료함에 있어 반드시 아비투어(Abitur)라는

시험을 통과해야만 학력증서를 받게 됩니다. 이 증서를 받은 사람은 자연과학이나 인문과학 분야 대학에 아무런 제약 없이 입학할 수 있는 자격이 부여되며 이 자격은 평생 유효합니다. 물론 아비투어를 취득하고 대학에 진학하지 않은 사람들이 많으나 이것은 어디까지나 본인의 자유의사에 달려 있습니다. 그리고 김나지움은 대학 진학 준비 교육기관이라 하겠습니다.

3. 레알슐레 과정은 졸업시험을 거쳐 미틀러레 라이페(Mittlere Reife)라는 학력 증서를 받게 되며 이 증서를 가진 사람은 대학 진학을 할 수 없으나 교양지식을 가진 사람으로서 사무직이나 행정직 즉 은행원, 경찰, 공무원, 비서, 이공계 기능직 등 직업 업무 실습을 거쳐 업무에 임할 수 있으며 그리고 레알슐레 졸업 후 김나지움에 편입하여 아비투어를 거치면 대학에 진학할 수 있습니다.

4. 하웁트슐레 과정을 완료하면 하웁트슐압슐루스(Hauptschulabschluss)의 증서를 받게 되는데 이 증서는 직업을 배우기 위한 최소한의 전제조건입니다. 물론 하웁트슐레 졸업 후 레알슐레로 편입하여 미틀러레 라이페를 할 수는 있으나 김나지움에는 편입할 수 없습니다.

5. 초등학교와 중 · 고등학교의 학년은 8월 1일에 시작하여 9월 1일부터 수업이 시작되며 조회나 교실 청소는 없습니다. 아침 8시에 수업의 시작으로 45분 수업이며 5분 휴식하고 연속 수업을 합니다. 대개 오전 수업을 함으로 점심은 각자 자택에서 해결합니다. 오후 시간은 각자 취향에 따라 활용하며 음악과 미술, 운동 등에 보충수업을 받을 수 있습니다. 보통 학교에서는 주 6일제 수업을 하나 최근에는 5일제 학교가 점점 늘고 있습니다. 학급 규모는 단급單級 두 학급 학교가 많으나 한 학급에 평균 25-30명이며 교과서는 검정제를 택하며

성적평가는 숫자에 의한 6단계입니다. 담임과의 공식 면담은 1년에 1, 2번 정도, 일단 자녀를 학교에 보내면 모든 것을 맡기므로 개별 선생 방문은 없으며 학생에게 문제가 발생하였을 때 그 학생의 학부모를 담임이 호출합니다(물론 각 지역에 따라 학교 교칙이 다소 다릅니다).

6. 대학은 교회에서 운영하는 대학을 제외하고 모두 국 주립대학으로 등록금 면제이며 현재(2007년) 391개의 혹흐슐레(Hochschule라 함은 모든 대학 교육기관을 통칭하는 것으로 의과, 교육, 예술, 체육 등 고등교육기관 입니다)가 있으며 그중 순수학문의 핵심인 종합대학(Universität)이 124여 개가 있습니다. 종합대학은 지난 10년 간 무려 10개교 이상 신설되어 현재 증가 일로에 있습니다. 우리나라처럼 학년제가 아닌 학기제이며 평균 4년이면 대학을 졸업하나 개개인의 능력 여하에 조기 학업을 끝낼 수 있는가 하면 10년 20년을 끌 수 있어 중도 하차하는 사람이 부지기수이며 현재 독일 대학 전반에 걸친 학칙이 많은 변화를 일으키고 있습니다. 여담으로 필자가 20년이나 대학에서 재정적 부담 없이 공부할 수 있었던 것은 독일의 교육제도의 혜택이라 할 수 있겠습니다. 합당한 학력 이력서를 대학에 제출하면 어느 대학이나 청강생이 아닌 정식 학생으로서 공부를 할 수 있기 때문입니다.

7. 음악대학은 종합대학(Universität)에 속하지 않고 다만 음악학이나 음악 이론과 관련된 것으로 종합대학에서 학위를 받을 수 있습니다. 그러나 실습이나 실기를 요하는 음악교육은 음악대학(Musikhochschule)에서 운영됩니다.

8. 예술대학은 기존의 종합대학에 속하지 않고 예술사(Kunstgeschichte)나

예술이론(Kunsttheorie) 그리고 문화경영 등의 이론은 종합대학에서 공부하여 학위를 받을 수 있습니다. 실습이나 실기를 요하는 예술교육은 예술대학(Kunstakademie)에서 시행합니다.

9. 직업학교(Berufsschule)는 일반적으로 우리나라에서 고등학교를 졸업한 사람이면 독일 직업학교에서 진학할 수 있습니다. 물론 경력이나 기술 여하에 따라 수업시간 또한 수준이 달라집니다.

대체로 독일에서는 본인 적성에 따라 대학에 진학하거나 일찌감치 직업을 가져 그 일에 종사하는 것입니다. 대대로 내려오는 가업을 이어 투철한 장인匠人 정신의 긍지를 가지고 임하기에 공업 기계 분야에서 세계 제일이라 자부하는 것입니다.

라인 강에서 띄우는 문학 산책 10

독일의 학교 교육제도에 관하여 말씀드렸듯이 독일에서는 인격 완성에 절대적으로 필요한 합리적이고 능률적인 학교 교육이 제정된 것입니다. 교육은 사람이 사람을 사람답게 키우는 것이므로 개개인의 능력과 적성에 적합한 장래를 선택할 수 있는 제도가 성립된 것입니다. 하여 독일에서는 학교교육을 충실히 받은 후 만 18세가 되면 의례적으로 성인식成人式을 하고 성인으로서 홀로서기의 길에 접어드는 것이 관례가 되어 부모에게 의존하지 않고 자립하는 것입니다.

그리고 무엇보다 이 세상을 이해하는데 있어 때로는 학교 교육이나 교과서보다 지적이고 유익한 책들을 많이 읽어 인격 성장을 도모함에 필요로 하는 사람들도 많이 있습니다. 특히 책은 삶과 생각과 이 세상이 일치하지 않는 분열적인 상태에서는 더욱 필요한 것으로 마음을 진정시키는데 더할 나위 없는 명약인 것입니다. 책 읽기는 자기를 찾아가는 과정이며 자아自我 발견의 도구(길)라고 하여도 좋겠지요.

광화문 거리에 있는 교보문고에는 '사람은 책을 만들고 책은 사람을 만든다'는 명언名言이 새겨져 있습니다. 그렇습니다. 그 누구도 감당하기 어려운 헤세의 청소년 시절에 책을 통하여 올바른 성장을 하여 독일의, 아니 세계의 사랑 받는 문호가 될 수 있었던 것입니다. 어디 헤세뿐이겠습니까. 헤세 스스로 절망의 시기라고 한 그 시기에 미겔 데 세르반테스(Miguel de Cervantes, 1547-1616)의 작품에 심취하였던 것입니다. 좋은 책은 헤세의 스승이요 길잡이요 길벗이었습니다. 세르반테스 또한 어린 시절 교육을 제대로 받지 못하고 절망의 시기를 딛고 견디면서 책을 읽고 꿈을 키우며 뒷날 위대한 문호가 되었던 것이 아닐까 싶습니다.

세르반테스는 스페인의 소설가이자 시인 극작가로서 세계 근대문학의 대명사로 많은 사람들로 하여 사랑받고 애독하는, 스페인 최초의 근대소설 『돈 키호테』의 작가로 유명합니다. 그의 작품 『돈 키호테』는 문학 전체를 통틀어 가장 중요한 명작에 속한다고 언급되기도 할 뿐만 아니라 세상에서 성경 다음으로 많이 읽는 책이라고도 합니다.

그는 '지혜의 왕자'라는 별명을 가졌으나 하급귀족 가문 출신으로 외과의사 아버지의 7남매 가운데 넷째로 태어나 무능한 아버지로 인하여 너무나 가난하여 학교 교육을 제대로 받지 못하였을 뿐만 아니라 여러 곳을 전전하여 그의 어린 시절은 알려지지 않고 있습니다.

1570년 그의 나이 22세 때 이탈리아의 추기경을 따라 로마로 건너가

군인이 되어 '레판토 해전海戰'에 참가하게 되었습니다. '레판토 해전'은 1571년 10월 7일 베네치아공화국과 교황령; 나폴리, 시칠리아, 사르데냐를 포함하고 그리고 스페인 왕국, 제노바 공화국, 사보이 공국, 몰타 기사단 등 연합한 신성 동맹국과 오스만 제국과의 해상 전투로 신성 동맹국의 승리로 끝났습니다. 이리하여 로마는 오스만의 침략을 받지 않게 되었으며 유럽을 향한 오스만의 팽창 또한 저지하게 되었습니다.

이 전쟁은 그 당시 노를 젓는 전함들만으로 치러진 해상 전투였습니다만 그 해상 전투로 세계적으로 유명한 전투 가운데 하나로 기록되었고 또 '레판토 전투' 이후 세계를 움직이는 방향이 바뀌게 되어 오늘날까지 그 영향이 계속되는 동시에 세계의 패턴을 갖추게 되었습니다. 더불어 중동과 유럽 사이의 계속된 다툼의 전환점이기도 했습니다만 아직까지도 완벽하게 해소되지 않고 있는 실정입니다. 세르반테스는 이 전쟁 중에 3발의 총상을 입었으며 2발은 가슴에 한 발은 왼손에 심하게 입어 결국 왼손에 장애를 가지게 되었습니다. 1575년 그는 귀향길에 불행히 터키의 해적에게 잡혀 알제리에서 5년간이나 노예생활을 하게 되었으며 5번에 걸쳐 탈출을 시도했으나 실패를 하였으며 그러다 알제리의 노예로 팔려 있던 중 구사일생九死一生으로 성 삼위일체수도원의 도움을 받아 그의 주인에게 몸값을 지불하고 드디어 1580년 가족들에게 돌아와 나이 마흔이 되어 글을 쓰기 시작하였습니다.

1585년 첫 소설『라 갈라테아』를 상재하였으나 인기 없이 빛을 보지 못했습니다. 그는 생계를 위하여 세비야 왕립 재정부에서 근무를 하던 중 1597년 은행이 파산을 하게 됨에 공금횡령죄로 투옥되었을 때

옥중에서 『돈 키호테』를 집필하였습니다. 그래서 그의 생의 황혼기 57살에 『돈 키호테 1부』(1605년)를 상재하여 폭발적인 인기를 얻어 작가로서 명성을 떨치게 되었습니다. 1615년에는 『돈 키호테 2부』를 상재하여 대 성황을 얻었으나 그는 출판사에 판권을 넘겨 버렸으므로 여전히 가난하게 평생을 살다가 1616년 4월 23일 향년 68세로 세상을 떠났습니다. 세르반테스의 『돈 키호테』는 400백 년이 지난 오늘날에도 세계 방방곡곡에서 살아 사랑받고 있습니다. 그러나 유감스럽게도 그의 유해와 무덤은 아직까지 발견되지 않고 있습니다.

세르반테스의 대표작으로 『돈 키호테 1,2부』, 『모범소설집』(1613), 『파르나소 산의 여행』(1614년) 등 그 외 다수가 있으며 그의 명언은 시간과 국경을 넘어 오늘날에도 수많은 사람들이 애송 하고 있습니다.

이룰 수 없는 꿈을 꾸고
이룰 수 없는 사랑을 하고
이길 수 없는 적과 싸움을 하고
견딜 수 없는 고통을 견디며
잡을 수 없는 저 하늘의 별을 잡자.
– 세르반테스 『돈 키호테』 중에서

헤세는 어릴 때부터 자신의 아버지만큼 지식을 갖고 싶었고 가능하다면 외할아버지만큼 유식하고 훌륭한 인물이 되어 모든 사람들이 존경하는 인재가 되고 싶었다고 하였습니다. 그리고 짧은 학교생활(약 6년간)을 하는 동안 그에게 지적知的 욕망을 키울 수 있도록 큰 영향을 준 두 분의 스승이 있었습니다. 첫 번째는 칼브 라틴어학교의 슈미트 선생이었으며 그와의 만남은 칼브 라틴어학교에서 그때 12살이

된 학생들에게 그리스어 과목 수업의 시작으로 그분이 그리스어 담당이었습니다. 그는 매우 엄격하고 철두철미한 사람으로 병약하였으나 늘 면도를 깨끗이 할 만큼 단정한 분이었습니다. 그런데 성격이 괴팍하여 모든 학생들이 두려워하고 좋아하지 않았답니다. 그러나 슈미트 선생은 높은 이상理想을 지닌 박식博識한 분이었고 지성과 휴머니티를 대표했으며 학생들을 보다 높은 세상으로 눈을 향하도록 가르쳐 주었기 때문에 큰 영향력을 가졌다고 합니다.

그때 헤세의 반 25명 학생 가운데 다섯 명만 인문과학을 택하여 그리스어를 배우게 되었던 것입니다. 헤세는 자신도 모르게 학생들의 공통된 부정적인 평판과는 다르게 슈미트 선생을 존경하고 좋아하였다고 합니다. 무엇보다 그리스어를 배우는 다섯 명은 '휴마니스트' 또는 '그리스 학자'라고 불리었으며 학생들 사이에서 지적知的인 귀족 계급을 자처했습니다. 헤세의 목표는 이미 그때보다 더 높은 학문적 성취에 있었으므로 라틴어보다 훨씬 오래된 그리스의 신비하고 뛰어난 언어를 배우고 있었기 때문에 자부심을 가졌다고 하였습니다. 이 언어는 돈을 벌고 호화롭게 살며 여행을 하기 위한 것이 아니라 소크라테스나 플라톤, 호머와 보다 더 친근하게 해주는 것이라고 하였습니다. 그리고 헤세는 한 인간이 그의 원수를 사랑하고 존경할 수 있다는 것을 처음으로 슈미트 선생을 통하여 배웠다고 하였습니다. 하여 헤세는 그리스어를 무척 좋아하여 노트마다 귀신에 홀린 것처럼 입실런(그리스어 자모字母의 스물째 글자)과 오메가(그리스어 자모의 스물다섯째 글자)등을 마치 마술의 표기처럼 적어 넣었다고 그의 자서전에 그 당시의 상황을 서술하고 있습니다.

두 번째 스승은 장래가 보장되고 입학하기 어렵다는 명문 학교 마울브론 신학교에 가기 위하여 칼브 라틴어 학교에서 괴핑겐 라틴어 학교에 전학을 하였을 때 그 학교에서 만난 바우어 교장선생님이었습니다. 그분은 허리가 굽은 늙은이였으나 학생들에게 입시교육을 시켰으며(독일에서는 교장선생님도 수업을 함) 주입식 교육 방식과 철저한 실력 양성으로 그 지역 인근에 있는 학생들이 많이 몰려들 만큼 명문학교로 정평이 나 있었습니다.

바우어 교장선생님은 엄격하고 까다롭고 괴짜라는 소문이 자자한 분이라고 하였으며 기이한 외양으로 누구나 처음에는 웃음을 터트릴 만큼 늘 낡은 구식 옷을 걸치고 갈색머리카락이 헝클어 진 채, 푸른색을 띤 작은 안경을 코끝에 걸치고 바라보는 그의 시선, 긴 담배 파이프를 물고 교실 가득 뿜어대는 담배연기, 그리고 심각하고 음울한 표정: 이 모든 것은 곧 그의 권위와 규율의 상징처럼 보였으며 그는 교육을 위한 새로운 방법을 곧잘 만들어 내었다고 합니다. 하여 헤세의 눈에는 지도자의 표본으로 또는 재판관으로, 마술사로 그리고 반신반인半神半人으로 비쳐서 그분에게 완전히 매료되고 말았다고 하였습니다. 그 이유는 헤세의 이상理想과 노력을 인정해 주고 남다르게 뛰어난 점을 높이 평가해 주는 반면 무례하게 제멋대로 행동하는 것을 도외시해 주었기 때문이라고 하였습니다. 이따금 바우어 교장선생님께서 헤세에게 라틴어로 말을 걸어 헤세를 더욱 신나게 해주어 헤세는 자기 자신을 위하기보다 그분에게 호감을 얻기 위하여 더욱 열심히 공부를 하였다고 그의 자서전에 그 시절을 서술하였습니다. 그리하여 헤세는 비록 짧은 괴핑겐 초등학교 시절을 처음이요 마지막으로 모범학생으로 마치고 마침내 대망의 마울브론 신학교에 우수한 성적으로 입학할 수 있었던 것입니다.

결국 헤세의 학교생활에서 유익하고 중요한 체험은 칼브 라틴어학교에서의 슈미트 선생으로부터 받은 지적인 계도啓導와, 바우어 교장이라는 훌륭한 스승과 재질 있는 제자 사이에 이루어진 충만하고 미묘한 진취적인 관계였습니다. 어린 시절 존경할 수 있는 스승을 만난다는 것은 한 인물의 인격 형성에 자양분이 되기 때문입니다.

소년기에 우여곡절을 겪은 끝에 헤세는 비로소 생활의 안정(1895-1899년 튀빙겐에 있는 서점에서 일하던 시기)을 얻었습니다. 그는 첫 월급을 받은 돈으로 눈처럼 흰 깁스로 만든 프락시텔레스(고대 그리스의 조각가 기원전 370 - 330년에 활동하였음)의 헤르메스(그리스의 神)와 뷔르템베르크의 카알 왕의 초상을 사서 방을 꾸몄습니다. 그의 방에는 무려 백 명이 넘는 그가 존경하고 좋아하는 인물들의 사진을 붙였으며 그 사진들은 주로 신문이나 카탈로그에서 얻은 것이었습니다. 그 가운데는 거금을 지불하고 산 젊은 시절의 게하르트 하웁트만(Gerhart Hauptmann, 1862-1946: 1912에 노벨 문학상을 수상한 독일 희곡작가)과 니체(Friedrich Nietzsche, 1844-1900: 독일의 철학가) 그리고 쇼팽(F. Chopin, 1810-1849: 폴란드의 음악가)의 사진이었습니다. 그리고 그는 신학을 공부하면서 괴테(Johann Wolfgang von Goethe, 1749-1832)를 위시하여 레씽(Gotthold E. Lessing 1729-1781; 18세기 계몽주의 시대의 독일 철학자), 괴테와 함께 독일 고전주의의 2대문호로 일컬어진 쉴러(J. C. Friedrich von Schille, 1759-1805)와 희랍신화, 그리고 로마제국의 시성詩聖으로, 시인 단테가 저승의 안내자로 그를 선정할 만큼 위대한 시인으로서 아우구스투스 황제의 요청으로 로마의 국가國歌, 서사시 『아이네이스』를 쓴 푸블리우스 베르길리우스 마로(기원전70년 - 기원전19년)의 작품과 호머(Homer 그의 생년월일은 확실하지 않으나 기원전 8세기경 고대 그리스의 유랑시인이며 맹인시인으로 그의 대표작 『일리아스』와 『오디세이아』 등을 위시하여 그의 시는 고대 그리스어로 쓴 가장 오래 된 서사시로 알려져 있음)의 작품들이었으며 특히 헤세는 괴테를 마술에 걸린 듯 심도 깊게 공부함으로써 괴테로 인하여 문학이 크게 성장할 수 있었고 괴테로 하여금 문화의 조화를 배울 수 있었다고 한 헤세를 『괴테에게 감사하며, Hermann Hesse dank an Goethe』라는 1975년 독일의 인젤출판사에서 출판한 책을 보더라도 괴테의 영향을 많이 받았음을 알 수 있답니다. 특별히 헤세는 괴테의 작품 가운데 『라이네케 여우』, 『빌헬름 마이스터』, 『시와 진실』 그리고 『파우스트 1-2부』 등은 그에게 있어 성경과 같았다고 하였습니다. 헤세는 모든 독일문학가 가운데 가장 자신에게 영향을 준 이는 바로 괴테이며 괴테는 헤세를 격려하고 눈 뜨게 하여 예술의 계승자로서 또는 항변을 하도록 요구했다라고 1932년 『괴테에게 감사』라는 글을 썼습니다.

헤세는 13살 때 이미 시인이 아니면 아무 것도 안 되겠다는 각오가 확실할 만큼 그 소망을 이루는 첫 걸음으로 서점 점원으로 일하면서 글을 집중적으로 쓰기 시작하여 1896년 시詩 「마돈나」가 처음으로 비엔나에 있는 정기간행물에 실리게 되었습니다. 그 후 1898년 처녀시집 『낭만의 노래, Romantische Lieder』을 상재하고 1899년 여름 산문집 『한밤중의 한 시간, Eine Stunde hinter Mitternacht』을 상재하였으나 600권 중 54권 밖에 팔리지 않았습니다. 하지만 헤세는 좌절하지 않고 어떤 어려움에도 굴하지 않은 고집과 선교사 집안의 혈통을 이어 받아 천성적으로 경건함과 풍부한 지적 자질을 가진 것을 꼽을 수 있습니다. 하긴 헤세는 10살 때『두 형제』라는 동화를 써서 1951에 상재하였으니 이렇듯이 그는 천부적인 작가정신을 타고난 것이었습니다.

한때 정신질환으로 헤세는 친구 하나 없이 늘 고독과 더불어 살다가 마침내 1897년 괴핑겐 라틴어학교 시절의 친구들과 재회하게 되어 4사람으로 이루어진 모임 '작은 동아리; Petit Cenacle'로 한 주에 한 번 저녁에 만나 다음 날 이른 새벽까지 문학과 철학 그리고 세상사를 담소하였다고 합니다. 이 모임에는 루드비히 핀크(Ludwig Finckh)라는 법학과 출신으로 예술에 관심이 많고 재주 있는 친구와 둘째로, 법학과, 철학과 출신으로 늘 질문은 많고 대답은 하지 않은 칼로 하멜흐르(Carlo Hamelehle)로, 셋째로 부지런하고 개화開化한 친구로 늘 말하기보다 듣는 조용한 성격인 오스카 루프(Oskar Rupp)였으며 이들의 우정은 오랫동안 지속되었다고 합니다.

이리하여 헤세는 세르반테스의 명언처럼:

"견딜 수 없는 고통을 견디며, 잡을 수 없는 저 하늘의 별을 잡기 위하여"

절망의 시기를 벗어나 참된 삶의 궤도에 한발 한발 옮기고 있었습니다.

라인 강에서 띄우는 문학 산책 11

그렇습니다. 사람의 삶은 낙원이나 극락에서 즐겁고 편하게 지나는 것이 아니라 수 없는 태산준령을 넘고 거센 강을 건너기도하며 때로는 앞이 캄캄하다가도 다시 밝아지는, 수없는 역경을 거치면서 살아가는 것이라 하여 인생은 고해苦海라고, 또는 가시밭길이라고도 하지 않습니까. 독일의 유명한 철학가 니체(Friedrich W. Nietzsch, 1844-1909) 또한 "인생길에는 언덕도 있고 계곡도 있고 진흙길도 있으며 결코 평탄한 길만 있는 것이 아니다"라고 했습니다. 헤세는 남들이 부러워하는 덕망 있고 유복한 가정에 태어났으나 가장 소중한 성장기에 정신질환으로 절망의 늪에서 허덕였던 것입니다. 하지만 고진감래苦盡甘來의 덕을 입어 보통사람의 삶을 넘어 인간승리의 개도開導로 자신을 마침내 이끌게 되었습니다.

헤세는 나무처럼 한자리에 안주安住 못하는 보헤미안 기질의 발동으로 물이 흐르듯 세월이 흐르듯 마음의 흐름에 따라 튀빙겐을 떠나려고 마음을 먹었습니다. 하긴 그 당시 문화도시인 베를린이나 뮌헨 같은 큰 도시를 택할 수 있었으나 유년시절 행복한 시절을 보낸 바젤(Basel)로 옮기기로 하였습니다. 그때 마침 바젤에 있는 고서점을 겸한 서점에 취직자리를 얻게 되어 22살인 헤세는 1899년 가을 어서 오라 손짓하는 바젤에 홀로서기 생활의 터전을 잡게 되었습니다.

"나는 부모님께서 튀빙겐에 장만해 주신 집에서 4년 동안 살았다. 그 시절 나는 이른 아침에서 밤늦도록 책방에서 일을 했으므로 집이나 방에 관하여 관심을 두지 않았으나 내 내부에 한 자리를 차지하고 있는 미美에 대한 감수성을 여러 형태로 나타내어 보였음에도 부모님께서는 내 뜻과는 다른 분위기의 허름한 집에 전망이라고는 전혀 없는 좁은 골목길가의 집을 정하여 주셨다. 그래서 나는 바젤에 와서 내 생의 처음으로 내 마음에 흡족하고 내 취미에 맞는 근사한 방을 구하였으며 그 방에는 놀랄 만큼 아름다운 타일로 된 오래된 난로가 있었다. 하지만 그 난로는 장식용에 지나지 않았고 때는 이미 늦가을이라 방은 냉기가 돌았으며 거기다 새벽 3시가 되면 우유배달 우마차가 길에 깔려 있는 자갈길을 덜그럭거리며 지나가는 소리에 나는 새벽잠에서 깨어나 더는 잠을 잘 수가 없었다. 하여 나는 두 손을 들게 되어 교외에 새로 지은 집에 마음에 드는 멋진 방으로 자리를 옮겼다"라고 그의 자서전에 홀로서기의 면모를 술회하고 있습니다.

튀빙겐에 있을 때의 헤세는 독서로서 지적 사물들에 전적으로 몰입하였으며 특히 괴테와 니체에 관하여 마치 마술에 걸린 것처럼 빠져들었다고 하였습니다. 그러나 바젤에 와서 비로소 건축과 미술에 관하여 관찰자로서 안목을 넓히고 음악을 즐기게 되어 폭넓은 문화적인 생활을 접하게 되었습니다. 더욱 헤세의 부모님과 친분이 두터운 친지들과 접촉을 갖고 차츰 지적인 예술세계로 몰입하는 계기를 얻었습니다. 마침내 그의 감정 깊숙이 자리 잡고 있던 신심信心의 경건함과 특히 예민한 감수성으로 자연을 사랑하는 마음과 더불어 예술을 향하여 빠르게 승화昇華시켰습니다.

한편 서점에서의 일은 책을 정리정돈하고 책 주문을 받아 발송하는 등 튀빙겐의 서점에서 일할 때와 다른 것이 없었으나 이곳에는 진귀한 보물과 같은 고서古書가 많아 헤세의 지식욕을 충족시키는 데는 더할 나위 없는 좋은 직장이었습니다. 그 서점의 인원은 사장을 포함하여 모두 6명이었습니다. 헤세는 1901년 9월 당시 한 달 월급이 100프랑을 넘지 않았으므로 부족한 생활비를 열심히 시와 산문과 이탈리아 기행을 써서 기사화하여 생활비로 충당하였던 것입니다. 하지만 헤세는 바젤 생활에 만족하고 한때 네 사람으로 구성된 튀빙겐의 '작은 동아리' 친구인 루드빅 핑크(Ludwig Finckh)에게 1899년 12월 12일 아래와 같은 편지를 보내었습니다.

"……마침내 나는 이곳 바젤에서 안정된 생활을 찾았어. 고서점에서 값진 고서를 팔고 있어. 하지만 나는 새로운 것을 쓸 생각이야. 그 누구도 쓰지 못한 것을 말이야. 낭만은 사라져 버렸고 루루(Lulu: 튀빙겐 시절의 여자 친구)는 아직 하늘에서 빤짝이는 성스러운 별과 같이 빛나고 있어. 그리고 나는 이곳에서 친구들을 사귀었어. 한번 꼭 이곳 바젤에 오지 않겠니? 라인 강 다리 위에서 강물이 흐르는 소리를 듣지 않겠니? 나는 지금 직업과 나 개인의 일 사이에서 생활하지만 만족하고 행복하단다."라고 한 것을 보면 한 사람 몫으로 열심히 살아갔다는 것을 알 수 있습니다.

헤세는 말년에 자신에게 큰 영향을 준 것 중 세 가지는 유년시절 국가를 초월한 그리스도교의 신앙과 중국의 위대한 문학과 문화, 그리고 믿고 존경하는 인물은 "야코프 크리스토프 부르크하르트(Jacob Christoph Burckhard, 1818-1897)"라고 하였습니다. 헤세는 바젤에 와서 니체와 야코프 부르크하르트 그리고 아르놀드 뵈클린스(Arnold Boecklins, 1827-1901: 스위스의 화가, 그래픽 디자이너, 조각가로서 19세기 유럽의 심볼 주의의 중요한 조형미술가)에 심취하였다고 합니다.

야코프 C. 부르크하르트는 스위스 바젤에서 태어나 바젤에서 사망한 유명한 문화사, 미술사 그리고 역사학자로서 각 분야의 역사학 업적을 남김으로써 그는 문화사文化史의 선구자의 한 사람으로 인정받고 있습니다. 그리고 그는 바젤의 대학에서 1843-1855년 강의를 하였으며 잠시 취리히 연방공과 대학교에서 교수 생활을 하다가 1858년 다시 바젤 대학교에 돌아와 1893년 은퇴하기까지 교수 생활을 하였습니다. 그를 1867년 독일 튀빙겐 대학교에서 그리고 베를린 대학교에서도 1872년에 대학교수로 초빙 하였으나 거절했습니다. 그리고 헤세는 야코프 부르크하르트를 통하여 영감을 얻어 소설『유리알 유희, Das Glasperlenspiel』(1943)에 그를 페터 야코프스로 등장시켜『유리알 유희』의 바탕을 쓰게 되었습니다. 뿐만 아니라 헤세는 그를 "우리 시대의 모범적인 정신적인 지주"라 하였습니다.

한편 스위스에서는 야코프 부르크하르트의 업적을 기리기 위하여 스위스 지폐의 가장 높은 액수 1,000프랑에 그의 모습을 담았습니다. 그의 대표 저서에는; 첫 번째 책『벨기에 도시들의 미술품』(1842),

『이탈리아 르네상스의 문화』(1860)와 『이탈리아 르네상스 역사』 등이 있습니다.

그리고 독일 철학가 프리드리히 니체는 1869년 불과 24세로 바젤 대학교의 고전철학교수로 임명되어 부르크하르트와 같은 대학에서 10년간이나 근무하게 되어 남다른 친분을 갖게 되었으며 니체는 부르크하르트의 강의에 참석하기도 하였습니다. 니체와 부르크하르트는 아르투르 쇼펜하우어(Arthur Schopenhauer, 1788-1860: 독일의 철학자)의 후기 사상의 찬미자들이였으며 수년간 동조 관계를 가지면서 우의友誼를 지켰습니다. 니체는 부르크하르트를 "우리들의 가장 위대한 스승"이라고 불렀습니다.

헤세는 바젤에 와서 몸담았던 고서점과 서점을 겸한 직장을 1901년 1월말로 사표를 내고 그동안 저축한 돈으로 늘 갈망하던 문화의 보고인 이탈리아 여행을 그해 3월에서 5월까지 밀라노, 제누아, 피렌체, 볼로냐, 라벤나, 파두아 베니스를 관람하고 바젤에 돌아와 이탈리아 여행기를 썼습니다. 헤세의 필력은 차츰 독일어권에서 인정되어 여기저기에서 원고 청탁을 받게 되었으며 드디어 정당한 원고료를 받으므로 생활비에 보탬이 되고 남았습니다.

그와 때를 같이하여 오스트리아 출신으로 시인인 리하르드 폰 샤우켈(Richard von Schaukel, 1874-1942)의 추천으로 문단에 등단하게 되어 작가로서 입지立志를 굳히고 더욱 분발하였던 것입니다. 그 당시 무엇보다 신나는 일은 독일의 유명한 피셔출판사에서 헤세의 작품 출판의 권유를 받았던 일입니다. 헤세는 마침내 거센 태풍과 고통을 견디면서 13살 때 세운 시인이 되는 뜻을 이룩하였습니다. 한때 누구도 감당할 수 없는 쓸모없는 인간이었으나 드디어 시인이 되었습니다. 그리고 그는 세상과 오랜 세월 끈질긴 투쟁으로 승리를 하였습니다. 그러한 헤세는 지난날을 되새기며 "나는 쓰디쓴 학교 생활과 성장기에 자주 나락으로 떨어져 거의 폐인이었으나 이제는 모든 것이 지난 일이므로 밝게 웃는다."라고 했습니다.

1902년 베를린에 있는 그로테셴(Groteschen)출판사에서 헤세의 세 번째 시집을 상재함에 그 시집을 어머니에게 헌정한다고 하였습니다. 하지만 유감스럽게도 헤세의 어머니는 오랜 병석에서 일어나지 못하고 1902년 4월 24일 이 시집의 완성을 보지 못하고 운명殞命했습니다. 헤세는 어머니의 사망 후 일 년이 되어 "지금도 나에게 확실한 것은 내가 지적인 사람이 될 수 있은 것은 오로지 어머니의 힘이며 덕이다. 나는 늘 우리 어머니가 내 곁에 살아계심을 느낀다."라고 하였습니다.

그리고 헤세는 아버지의 소개로 프리드리히 베르누이(Friedrich Bernoulli)를 알게 되었습니다. 그는 바젤에서 유명한 수학자였습니다. 그분과 친분을 갖게 됨에 자연스럽게 그분의 여식 마리아 베르누이(868-1963)와 가까운 사이가 되어 1903년 헤세의 두 번째 이탈리아 여행을 마리아와 동행하고 돌아와 다음해 1904년 8월 2일에 결혼을 하였습니다. 그때 그녀는 사진작가로서 헤세보다 9세 연상이었습니다. 헤세는 신접살림을 독일과 스위스의 국경지역 '보덴'호수가 있는 가이엔호펜(Gaienhofen)에 차렸습니다. 특히 헤세는 전원주택과 자연을 선호하여 결혼하면 시골에서 살기로 결심했다고 합니다. 하여 그 결심을 첫 번째 아내 마리아는 적극 동조하여 넓고 조용한 마당을 겸한 빈농가를 일 년에 150DM로 계약하여 세 들었습니다. 그 농가에는 수돗물 시설이 없어 집 앞 우물에서 물을 길러 썼으며 전깃불이 들어 오지 않아 촛불이나 기름램프를 사용했습니다. 하지만 그곳에는 고색

창연한 계단과 윗층에는 넓고 큰 방이 있었으며 양쪽 코너의 창문을 통하여 교회의 뒷부분과 '보덴'호수의 아름다운 풍경을 바라볼 수 있어 그 방을 헤세는 서재로 삼았습니다. 그 서재에서 3년 동안 거주하면서 주옥같은 많은 시와 소설을 썼으며 그 집은 헤세의 안식처였고 그의 직업의 첫 근무지였습니다. 실로 도시와 유행의 물결에 휩쓸리지 않은 단순하고 소박한 자연스러운 생활을 시도했던 것입니다. 이런 생활의 이상理想은 저 존 러스킨(John Ruskin, 1819-1900: 영국의 사회비평가이며 19세기 영국의 저명한 지식인으로 뛰어난 재능의 소유자로서 당대 예술평단의 일인자로 명성을 떨쳤음)과 그리고 레프 니코라예비치 톨스토이(Tolstoi, 1828-1910: 러시아의 소설가, 시인, 개혁가, 사상가)로 하여금 연유되었다고 할 수 있겠습니다.

그 집에서 헤세는 첫 아들을 얻었으며 또한 그곳에서 좋은 친구들을 많이 사귀게 되었습니다. 특히 독일과 오스트리아의 후기 낭만주의에 속하는 스위스의 작곡가이며 지휘자인 오트마르 쇽크(Othmar Schoeck, 1886-1957)와 오스트리아와 슬로베니아의 유명한 작곡가이자 음악 평론가인 후고 볼프(Hugo Wolf, 1860-1903)도 있습니다. 후고 볼프는 헤세의 시詩 23수首를 작곡하였습니다. 그리고 헤세의 음악 소설 『게르트루드, Gertrud』(1910, 부제로 사랑과 죽음과 고독의 시詩) 또한 그의 음악으로 영감을 얻어 쓴 작품입니다.

차츰 생활의 안정을 얻은 헤세와 마리아 사이에는 세 아들을 두었습니다. 첫 아들은 브루노(Bruno, 1905-1999: 화가이며 그래픽 디자이너), 둘째는 한스 하인리히(Hans Heinrich, 1909-2003: 실내 장식가), 그리고 셋째는 마르틴(Martin, 1911-1968: 사진작가)입니다.

한편 헤세는 피셔출판사의 호의적인 출판 권유勸誘를 받아들여 1904년 소설『페터 카멘친트, Peter Camenzind, 향수』를 상재하여 일약 성공적인 작가의 길을 걷게 되었습니다. 바로 그 시절 정치적으로나 경제적으로 세계는 참담한 공황상태에 있었습니다. 이른바 '모로코 위기'(1905년 3월-1906년 5월 1차 위기)로, 이는 프랑스 제3공화국과 스페인왕국, 독일제국이 모로코 영토의 분할을 두고 대치하게 된 사건입니다. 그리고 세계 제1차 대전이 발발勃發하기 전이었으나 이런저런 혼란기에도 불구하고 소설『페터 카멘친트』는 6만 부 이상 팔린 판매 기록을 남겼습니다.

그리고 신접살림을 3년간 살았던 '보덴'호수가 있는 가이엔호펜을 떠날 무렵 쓴 헤세의 대표 시詩 가운데 한 수이며 세계에 널리 애송된「안개 속에서, Im Nebel」(1906)를 소개하겠습니다.

이상하구나, 안개 속을 거닐면!
수풀이며 돌이며 제諸 각기 외로워라
나두들은 서로를 보지 못하고
모두 제각기 홀로 서있네.

내 삶이 화창했을 때는
세상이 친구로 가득하더니;
안개 자욱이 묻어 드는 지금
아무도 더 보이지 않는 구나.

모든 것을 떼어 놓는
어둠을 모르는 사람들

진실로
현명하다 할 수 없으리.

이상하구나, 안개 속을 거닐면!
삶은 외로운 것.
어느 사람도 다른 사람을 알지 못하고
모두 제각기 홀로들이네.
-헤르만 헤세 시 「안개 속에서, Im Nebel」 전문

Im Nebel

Seltsam, im Nebel zu wandern!
Einsam ist jeder Busch und Stein,
Kein Baum sieht den andern,
Jeder ist allein.

Voll von Freunden war mir die Welt,
Als noch mein Leben licht war;
Nun da der Nebel fällt,
Ist Keiner mehr sichtbar.

Wahrlich, Keiner ist weise,
Der nicht das Dunkel Kennt,
Das unentrinnbar und leise
Von allen ihn trennt.

Seltsam, im Nebel zu wandern!
Leben ist Einsamsein.
Kein Mensch Kennt den andern
Jeder ist allein.

H Hesse

헤르만 헤세의 시 「안개 속에서, Im Nebel」

라인 강에서 띄우는 문학 산책 12

헤세는 연이어 1906년 소설『수레바퀴 아래서, Unterm Rad』를 상재했습니다. 이 소설은 자전적 요소가 짙은 작품으로 괴핑겐 신학교 소년시절과 서점에서 일할 때 얻은 체험을 바탕으로 하고 이에 더하여 헤세의 정신적인 갈등과 자연을 소재로 한 것입니다. 이 작품으로 인하여 헤세의 작가로서 명성은 더욱 널리 알려지게 되었습니다.

헤세가 3년 동안 살던 가이엔호프는 일상생활에 필요불가결한 수돗물과 전기 그리고 편리한 교통수단 없이 기차역으로 가려면 마차나 이따금 운행하는 호수의 기선을 이용해야만 했습니다. 하지만 헤세에게는 잃었던 고향을 다시 찾은 것 같은 곳이었으며 헤세 부부의 신접생활에서 제일 바라던 더없이 좋은 공기와 조용함과 숲과 그리고 호수가 있었습니다. 더욱 헤세가 서재에서 작품을 쓸 때 열린 창문을 통하여 옆방에서 헤세의 안사람 마리아가 촛불 아래서 슈만이나 쇼팽의 피아노곡을 연주하는 것을 듣는 것은 지극히 평화롭고 행복한 시간이었다고 하였습니다. 하지만 이따금 마치 비눗방울처럼 떠오르는 질문이 있었으니 그것은 바로, "너는 정말 행복하냐?"였다고 헤세는 자서전에 서술하였습니다.

그리고 소설 『수레바퀴 아래서』의 성공이 가져 온 경제적 여유가 생기고 앞날의 아이들을 위하여 1907년 가이엔호프를 떠나 콘스탄스 호반에 예쁘게 집을 지어 이사를 했습니다. 그 집에는 아주 큰 정원이 있어 헤세는 그 정원을 손수 가꾸었습니다. 하긴 헤세는 가인엔호프와 베른의 새집에서 10년 동안 채소와 꽃을 심고 가꾸고 장작을 자르는 일을 맡아 하지 않으면 안 되었습니다. 집안일이나 농부놀이를 할 때 재미로 할 때와 의무적으로 할 때의 그 즐거움의 차이는 매우 큰 것입니다. 독일어 화법조동사에 wollen 동사와 müssen 동사가 있으며 wollen은 …하고자 한다, …원하다의 뜻이며 müssen은 …하지 않으면 안 된다, …할 수밖에 없다(반드시)의 뜻입니다. 이 말처럼 반드시 해야만 할 때는 재미가 없고 신명이 나지 않는 법입니다. 헤세는 새로 근사하게 집을 지어 이사할 때의 기쁨과 기대와는 달리 그곳 생활은 그에게 즐거움을 잃고 의무에만 치우쳐 싫증을 느끼게 되어 자주 여행길에 올랐습니다. 그러므로 마리아 부인과 아이들은 그 큰집과 정원을 돌보아야만 했습니다.

헤르만 헤세

한편 헤세는 1910년 그 당시 유명한 작곡가요 음악평론가인 친구 후고 볼프의 음악으로 영감을 얻어 음악 소설『게르트루드, Gertrud』를 부제로 '사랑과 죽음과 시詩'를 상재했습니다. 이에 앞서 헤세는 1907년 중 단편 소설집『이편에서』와 다음해 1908년 단편집『이웃 사람들』을 상재했습니다.

그리고 헤세는 드디어 갈망하던 동남아 여행을 1911년 화가인 친구 한스 스투르첸거(Hans Sturzengger)와 함께 실론과 인도네시아를 거쳐 인도를 여행하게 되었습니다. 그 시절 인도 여행이란 좀처럼 할 수 없는 일이었으나 그곳은 헤세의 어머니가 태어나고 외할아버지가 오랫동안 선교활동을 하였던 곳으로, 무엇보다 헤세의 유년시절 외할아버지의 유리 캐비닛 위에 있던 흰두 우상인 작은 판(Pan)神신은 그 먼 아서아에 있는 나라를 동경하게 되었고 인도에 대해 깊은 애정을 품고 살다가 그 꿈을 키워 결행했던 것입니다.

한편 헤세의 가정에도 부부간에 흔히 있을 수 있는 갈등이 서서히 생겼습니다. 그때 큰 아이는 초등학교에 다녔고 둘째 셋째 아들을 키우며 살림만 하던 마리아는 도시와 음악과 친구들을 동경하게 되었습니다. 그럴 때 마침 그 집을 사겠다는 사람이 나타나 팔게 되었으며(1912년) 때를 같이하여 뜻밖에 화가인 친구 알베르트 벨티(Albert Welti) 부부가 갑작스럽게 사망하여 그들의 장례식이 있는 베른에 갔습니다. 친구의 집은 베른 근교의 멜헨뷸베그라는 곳이었으며 비티그코펜 성 위쪽에 있었습니다. 그 집을 본 헤세는 자신이 오랫동안 꿈꾸어 오던 그런 집이었으므로 그 집으로 1912년 9월에 이사를 하였습니다. 한마디로 그 집은 그 이상 더 좋은 것을 바랄 나위 없는 주위 환경으로 이루어져 있었으므로 헤세는 모든 것이

너무나 손쉽게 이루어짐에 크게 행복감을 느꼈다고 하였습니다. 특히 헤세에게 있어 베른은 그지없이 아름다운 고색창연한 도시로서 눈을 즐겁게 하는 무성한 나무들과 맑은 아레 강물 그리고 멀리 융프라우의 아름다운 산 모습을 볼 수 있고 거기에다 어디엔가 쉽게 떠날 수 있는 유랑생활에 적절한 멋진 기차역이 있어 더없이 좋은 도시라고 하였습니다.

그런데 이상하게 이 집에 이사한 후 벨티 부부의 죽음으로 시작한 것인지 어떤 징조처럼 불행의 그늘이 슬며시 드리워지는 것이었습니다. 이 집으로 이사한지 2년이 못되어 1차 세계대전(1914년 7월 28일)이 일어났습니다. 그 전쟁으로 헤세는 자유와 독립이 파괴되고 거기다 도덕적 위기에 처하게 되어 창작에 전념할 수 없게 되었습니다. 그 위에 셋째 아들이 중병(뇌막염)을 앓아누워 있고 안사람 마리아는 심한 우울증으로 시달렸습니다. 더욱 전쟁 때문에 공적인 의무는 가중되었으며 도덕적 절망감이 더하여 그동안 행복을 느끼게 해 주었던 모든 것이 일시에 무너져 나갔다고 했습니다.

헤세는 이미 1900년 7월 지방 구청에서 시력 약화와 신경쇠약으로 인한 두통으로 군대 입대를 면제받았습니다. 이 병들은 헤세의 평생을 따라다녔으며 선대 헤세의 아버지 또한 이 병으로 고생하였다고 합니다.

그러나 헤세는 1차 세계대전 때 1914년 자진해서 독일대사관에 신고하여 베른의 독일 전쟁포로들을 돌보며 전쟁포로들을 위한 서적을 관리하는 후생사업에 종사(1916-1919)하였습니다. 실은 1차 세계대전 당시 헤세는 반전주의적 태도로 극우파들의 극단적인 애국주의를 비평하는 글을 써 독일에서 매국노라는 비난을 받기도 했습니다. 그 당시 지식인들이 전쟁을 비판하기보다 외려 지지하여 헤세는 이에 매우 실망하였던 것입니다.

그리고 헤세는 1901-1914까지 수차례 이탈리아에 여행을 하여 도처에 산재해 있는 고대 로마의 미술과 조각과 건축 모든 자연 환경의 조화를 마음껏 감상하였고 그 체험에 인도의 문화와 문학에 대한 지식으로 좋은 작품을 생산하는데 활용했습니다.

그 위에 헤세는 서양의 고전을 위시하여 고대 인도와 중국의 고전들을 접하여 그 감상을 글로 남기고 있습니다. 그 글들은 1970년 주어캄프(Suhrkamp) 출판사에서 나온 헤세 전집 12권의 12번째에 실려 있습니다. 1909년에 쓴 공자(BC.551-479)의 『논어』를 소개하는 글을 비롯하여 노자(BC.604추정-6세기)의 『도덕경』, 장자(BC.369?-287)의 『말씀과 비유』, 여불위(BC.290-236)의 『춘추』 등 그리고 중국 선禪 불교의 고전인 『벽암록』과 중국의 동화와 설화를 소개하는 글들이 실려 있습니다.

뿐만 아니라 헤세는 맹자(BC.372-289)와 이태백(AD.701-762)과 두보(AD.712-770)의 시詩와 전기를 그리고 동양문화권의 다양한 서적을 읽고 감명 받은 것을 그의 작품 속에 나타내었습니다. 이와 같이 그는 제도적인 정규교육을 이수한 그 누구보다도 독학으로 자신의 지적 소양과 정신세계를 이루었습니다. 그리하여 그는 고승들의 치열한 자기와의 싸움과 깨달음을, 성직자 못지않은 숭고한 정신세계를 전 세계의 방황하는 현대인들에게 따뜻한 위안과 길잡이가 되는 작품들을 남겼습니다.

특히 헤세는 여러 작품에 인간의 내부에 공존하고 있는 양면성을 심오하게 관찰하고 그 조화를 추구하였습니다. 선과 악, 이성과 감성,

신성과 마성, 남자와 여자, 밤과 낮 등 자연과 인간의 양면성을 면밀히 관찰한 나머지 이질적인 대립을 통하여 양자가 맞서는 긴장을 아름다운 형태로 지향함으로써 보다 높은 동등을 추구하였던 것입니다.

이리하여 헤세는 자서전적 저서를 벗어나 한 단계 높은 작품을 1914년 화가를 주제로 한 소설 『로스할데, Rosshalde』를 상재했습니다. 이 소설에는 남성과 여성, 속박과 자유, 보편성과 예술성이 팽팽하게 대립상태로 연결되어 자유를 얻기 위한 과정이 그려져 있으며 또한 그 저변에는 헤세 부부의 갈등을 해소하지 못한 것이 깔려 있습니다. 그리고 1915년 상재된 소설 『크눌프, Knulp』, 일명 『향수』는 떠돌이 인생 이야기이며 인간의 정주定住 본능과 원초적인 방랑 본능의 대립을 통하여 인간의 진정한 삶이 무엇인가를 묻는 작품입니다. 연이어 1916년 단편소설 『청춘은 아름다워라, Schön ist die Jugend』를 상재했습니다.

1916년에는 헤세에게 정신적으로 견디기 힘든 일들이 연이어 발생했습니다. 늘 버팀목이었고 존경하던 아버지께서 1916년 3월 8일 소천하였습니다. 그리고 부인 마리아의 정신병 증세가 심각하여 결국 루체른 가까이에 있는 정신병원에 3살 된 셋째, 앓는 아들과 함께 입원하게 되었으며 안 사람 없이 그 큰집과 두 아이들을 돌볼 수 없는 처지에 놓이고 말았습니다. 그리고 헤세 자신의 신변 또한 전쟁의 소용돌이에 휘말려 정신적으로 위기에 봉착하여 정신병 치료를 받게 되었습니다. 하여 헤세는 너무나 견디기 힘든 사건에서 탈출하기 위하여 전쟁이 끝나고 전쟁 부역도 끝난 1919년 5월 11일 처자와 헤어져 홀로베른의 자택에서 루가노 위쪽에 있는 몬타뇰라로 거처를 옮겨 오로지 집필에만 전념했습니다. 그리고 그는 이때부터 그림을 그리기 시작하였으며 사망할 때까지 이곳에서 살았습니다.

헤세가 처음 그림을 그리기 시작한 것은 화가 친구들의 권고였습니다만 차츰 정신적 안정의 치유책으로 그림을 그려 뒷날 글쓰기보다 그림 그리기에 더 열중하였다고 합니다. 그는 "그림을 그리지 않았다면 시인 헤세도 없었을 것이다"라고 할 만큼 많은 그림을 남겼습니다. 헤세 그림의 특징은 사람이나 동물이 대상이 아니며 산과 들과 집과 강, 꽃, 하늘, 구름 등이 그 대상으로 하는데 있습니다. 그의 그림은 주로 수채화이며 팔아 금전화하기보다 지인들에게 선물하거나 지인들과 주고받는 편지에 삽화로 활용했답니다. 하여 오늘날 우리는 자연을 사랑했던 헤세를 그림을 통하여서도 그의 삶의 흔적을 여실히 엿볼 수 있습니다. 여담으로 '헤세와 그림들' 전시회가 서울 전쟁기념관 기획전시실에서 2015년 5월 2일 - 11월 1일까지 열리고 있습니다.

헤르만 헤세의 그림들

"나는 드디어 자유를 얻었고 7년 동안 살았던 베른을 떠났다. 이제 명확한 것은 단 한 가지 오직 창작 생활에 전념하는 일이다. 돈 문제라든가 그 밖의 어떤 문제보다도 창작만이 내 생활의 전부가 되어야 한다. 만일 여기서 성공하지 못하면 나는 죽을 수밖에 없다. 나는 이제 하인을 거느린 지주도 가장도 아니며 돈 한 푼 없이 해진 옷을 걸치고 떠돌이가 되어 우유와 빵과 마카로니만 먹고 살았다. 내가 입은 옷은 너무 해져서 실밥이 나갈 정도였고 겨울에는 숲 속에 들어가 도토리만 주워 먹고 살기도 했다. 그러나 그때의 경험은 나에게 너무 힘든 일이었으나 아름답고 유익한 것이어서 성공적이라고 말할 수 있다. 그것은 수년 동안 나를 지배해온 '밤'에서 깨어나는 일이었다." 라고 헤세는 자서전에 그 당시를 서술했습니다.

1차 세계대전이 끝난 다음해 1919년 헤세는 우리에게 친근한 소설 『데미안, Demian; Die Geschichte von Emil Sinclars Jugend』을 상재했으며 이 소설 또한 인간의 내면에 공존하는 어두운 세계와 밝은 세계를 통일하기 위한 싸움을 묘사한 것입니다. 더욱 전쟁을 통한 인간의 양면성과 동남아의 여행에서 식민지로 전락하는 아세아를 보고 환멸을 느낀 것을 바탕으로 쓴 이 소설은 대성공을 하였습니다. 이리하여 그야말로 그의 작품은 시대와 문화를 초월하여 세계 60여 국으로 전파되어 세계화를 이루었습니다.

라인 강에서 띄우는 문학 산책 13

동양과 서양, 예술가와 사상가, 자연과 정신, 은둔자와 세속인 사이로 오르락내리락하던 헤세는 오로지 창작만 하겠다는 일념으로 7년 동안 살아온 베른의 집에서 처자식을 두고 책상과 책만 가지고 텟신의 카사 카무지의 몬타뇰라로 1919년 4월 거처를 옮겼습니다.

그곳은 정신적인 위기에 처해 있던 그의 도피처이자 안식처였습니다. 잡다한 일상사를 벗어나 갈망하던 자유와 풍요로운 자연과 맑은 공기, 찬란한 햇빛을 벗하여 고독의 심연 속에서 그는 살았으며 완전히 절망적이라고 생각되는 상황에서도 자신의 길을 걷기 위하여 고난을 참으며 절망과 싸웠습니다.

그런 와중에 그는 그해 여름(1919년) 소설 『클라인과 바그너, Klein und Wagner』와 화가를 주제로 한 소설 『클링조르의 마지막 여름, Klingsors letzter Sommer』을 상재하여 크게 성공하였습니다. 이 작품들로 헤세는 전쟁 기간 동안 자신이 결코 망가지지 않았다는 것을 확인할 수 있었고 자신의 내적인 갈등과 긴장을 충분히 완화시킬 수 있었으므로 그해 겨울에 『싯다르타, Siddharta』를 쓰기 시작하였다고 하였습니다. 그때를 그는 자서전에 아래와 같이 썼습니다.

"……나는 아직 폐인이 되지 않았고 내 자신 작품 구상과 집필에 몰두할 수 있다는 자신을 갖게 되었다. 내가 두려워했던 만큼 전쟁 기간 동안 나는 지적으로 파멸되지 않고 있었다."

그렇습니다. 헤세는 몬타놀라에서 오뚝이처럼 다시 일어나 고통을 딛고 주옥같은 많은 작품을 쓰고 그림을 그렸습니다. 살아 있음에 감사하는 마음으로 집에 페인트칠을 하고 축하하는 노래를 지었다고 하였으며 또한 자신에게 주어진 모든 고통과 기쁨의 그 의미를 보상

카사 카무치(casa camuzzi) - 헤르만 헤세가 직접그린 본인의 자택

하려고 항상 노력하였다고 하였습니다.

헤세는 1915년 가을 프랑스 작가 로맹 롤랑(Romain Rolland, 1866-1944)과 친분을 갖게 되었으며 그들의 우정은 로맹 롤랑이 죽을 때까지 끈끈하게 이어졌다고 합니다. 롤랑은 20세기 프랑스 문학계에서 위대한 작가 중 한 사람으로 1915년 노벨 문학상을 수상하였으며 중요 작품으로 『장 크리스토프』와 『매혹된 영혼』, 『미켈란젤로의 일생』 등이 있으며 정신적인 자서전 『내면의 여로』를 집필하다가 1944년 사망하였습니다.

그리고 1954년 『헤세와 롤랑 서신 교환집』이 발간되었습니다. 또한 헤세는 1920년 12월에 휴고 발(Hugo Ball 1886-1927)과 그의 안사람 에미(Emmy)를 만나게 되어 그들과의 우정은 피를 나눈 형제 못지않게 각별했다고 합니다.

다다이즘의 선구자였던 발은 작가이며 헤세의 첫 자서전을 헤세의 50세 생일 기념으로 상재하기도 하였답니다. 뿐만 아니라 헤세는 그 시대의 저명한 인사들과 친분을 갖게 되었습니다. 알버트 슈바이쳐를 위시하여 토마스 만은 본인뿐만 아니라 그의 가족들과도 교류하였으며, 프랑스 작가 앙드레 지드, 벨톨트 브렉히트, 말틴 부벨, 한스 카로싸, 아네테 콜브, 야콥 바써만, 스테판 쓰바이그 그리고 음악가들과도 교류하였으니 이를 테면 아돌프 부슈, 에드빈 피셜, 오트흐말 쇼크, 또한 화가 균터 뵤외멜은 1933년 카사 카무치로 이사하였으며 앙리 마티아스의 제자인 한스 플만 또한 1943년 몬타뇰라로 이사하여 이들 두 사람은 헤세 그림 그리기에 원동력이 되었습니다. 후일 독일 대통령을 지낸 데오돌 호이스 등 다양하고 폭넓게 교류하였습니다. 무엇보다 헤세는 '사랑', '예술', '인생(친구)', 이 세 가지를 무엇보다도 중요시하였습니다.

한편 헤세는 정신병원에서 오랫동안 치료를 받고 회복한 헤세의 안사람 마리아와는 결국 1922년 정식으로 이혼을 하였으며 아들 셋은 어머니 마리아가 양육하게 되었습니다. 그리고 헤세는 스위스 국적을 이해(1922년)에 재차 취득하게 되었습니다.

헤세는 일 년 반에 걸쳐 집필을 끝낸 소설『싯다르타, Siddhartha』를 1922년에 상재했습니다.『싯다르타』는 헤세가 유년시절 그의 부모와 외조부를 통하여 인도와 아세아의 문화를 접하게 되어 깊은 애정을 가진 것을 바탕으로 하였습니다. 이 소설은 서양인의 취향에 생소할 수 있는 불교와 아시아 성현들의 가르침에 접근할 수 있는 길을 모색한 종교소설입니다. 그리고 이 소설이 탄생하는데 있어 절친인 로망 롤랑과 불교연구의 권위자로 오랫동안 일본에서 교육 활동을 한 외삼촌 빌헬름 군데르트의 영향이 컸다고 합니다.

미국의 작가 헨리 밀러(Herry Miller, 1891-1980)는:

“이 소설의 착상은 정신적으로 경직된 문학적 편협을 폭 넓게 깊이 있게 다루었다. 무엇이 좋고 나쁘다는 것을 시사하였으며 부처로 이르는 것은 독일 사람으로서는 전례 없는 일이다.『싯다르타』는 나에게 있어 유효적절한 명약인 동시에 새로운 신약성서이다.”라고 평하였습니다.

그리고 헤세는 1924년1월11일 그 당시 스위스의 성악가 루트 벵어(Ruth Wenger 1897-1994)와 재혼을 하였습니다. 그녀는 스위스의 작가 리사 벵어(Lisa Wenger)의 여식으로 헤세 보다 20살 연하였습니다. 그러나 그들은 지향하는 생각의 차이와 시대적 감각이 어긋나 결국 3년만인 1927년 4월 24일에 파경을 하였습니다.

1927년에 헤세는 소설 〈황야의 이리 (Der Steppenwolf)〉를 상재했습니다. 이 소설은 자아自我를 완전히 파악하기 위한 자기분석을 주제로 하고 있습니다. 헤세는 어디까지나 외적 현실보다 인간의 내면에 더 큰 비중을 두었던 작가입니다. 삶에 대하여 진지하게 성찰한다면 더 차원 높고 더 아름다운 초 현실을 보게 된다고 그는 주장하였습니다.

헤세는 그의 대표소설 중 하나인『지와 사랑, Narziss und Goldmund』을 1930년 상재했습니다. 이 소설은 헤세의 의욕이 넘치고 작가로서의 원숙기에 들어선 53살 때 쓴 것입니다. 작가 자신의 삶의 체험이 강하게 투영된 작품으로 그의 영혼의 자서전이라고 하겠습니다. 또한 헤세는 정신적인 측면과 육체적인 측면을 어떻게 조화시킬 수 있으며 합일시킬 수 있는가를 소설의 주인공 나르치스와 골드문드의 삶을 통하여 제시하여 주었습니다. 나르치스는 수도원 원장이며 철학가로 지성과 정신적인 삶을, 골드문드는 애욕과 예술가로 사랑과 자연을 상징하고 이들의 우정을 통하여 이성과 감성의 대립, 정신과 자연의 구분, 선과 악의 갈등을 묘사했으며 인간의 양극성을 단일성으로 강조한 것입니다. 헤세는 이 소설에 사람은 이 양극의 어느 한쪽에만 치우칠 수 없으므로 고뇌하고 고통에 빠진다고 하였습니다. 그리고 이 소설은 내면의 길을 걷는 구도자적인 면과 서양 문명의 회의와 동양사상에 대한 접근을 이 작품 속에 용해시켜 "참다운 인생을 어떻게 살아야 하는가"를 제시하고 있습니다.

1931년 헤세는 3번째 결혼을 니논 돌빈(Ninon Dolbin-geb. Ausländer, 1895-1966)과 하였습니다. 그녀는 오스트리아 제국의 식민지였던 부코

비나에서 1895년 출생하였으며 헤세보다 18살 연하였습니다. 그녀가 14살 때 헤세의 소설『페터 카멘친트』를 읽고 헤세를 흠모하게 되어 편지를 써 보낸 그 계기로 인하여 서로 편지를 주고받아 연인으로 발전하여 뒷날 그의 아내가 되었습니다. 그녀는 빈 대학에서 의학과 미술사 고고학을 공부했으며 1918년 빈에서 성공한 엔지니어이자 삽화가로 활동하던 프레드 돌빈과 결혼을 하였습니다. 그 후 그녀는 늘 존경하고 흠모하던 헤세를 1921년 헤세가 거주하던 몬타뇰라로 찾아가 처음 만났습니다. 헤세는 그 당시 영혼이 찢어지는 듯한 고독을 술로 위안하며 시도 때도 없이 화를 내고 삶의 고통 속에 빠져 있었습니다. 그리고 그는 두 번 결혼의 파탄을 가져온 상황에서 또다시 누구를 자기 곁으로 불러들여 동반자가 되어 주기를 엄두조차 내지 못하고 있던 터였습니다. 니논은 피해망상을 동반한 우울증과 고독감으로 극도로 황폐해져 있던 헤세의 고통을 감지하고 프레드 돌빈과 1931년 이혼하고 헤세에게로 와서 그의 동반자가 되었습니다. 헤세는 니논을 맞아 새롭게 시작하는 마음으로 10년 넘게 세 들어 살던 카사 카무지(Casa camuzzi)를 떠나 카사 로사(Casa Rossa 또는 Casa Hesse)로 1931년 11월 14일에 이사를 하였습니다. 카사 로사는 분홍 집이라는 뜻이며 집 외벽을 분홍으로 칠하여 그렇게 불렀다고 하며 특히 이 새집은 헤세의 취향으로 지었다고 합니다.

헤세와 결혼한 니논은 헌신적으로 내조하는 반려자일 뿐만 아니라 동시에 미술사가로서 자신의 독립적인 삶을 지켜나간 여성입니다. 그녀는 헤세에 대한 사랑 못지않게 신화와 예술세계에 대한 관심과 탐구를 평생 이어갔습니다. 더욱 헤세가 사망한 뒤 그녀는 헤세의 유작을 출판하고 관리하는 일에 몰두하였으며 1966년 사망하여 헤세

곁에 묻혔습니다.

헤세는 니논의 지극한 내조로 삶의 안정을 되찾아 1932년『동방여행, Journey to the East』을 상재했습니다. 그리고 헤세의 대표작『유리알 유희, Das Glasperlenspiel』를 이 해에 그는 쓰기 시작하였습니다. 이 소설은 1차 세계대전 때 받은 깊은 고통과 1933년 히틀러의 집권과 더불어 시작된 나치세력의 확장과 횡포를 지켜보며 20세기 문화와 정신 현상 전체를 문제 삼고 극복의 방안을 모색하는 작업으로 자그마치 10년 넘게 걸려 1943년에 탈고한 작품입니다. 작가로서의 자부심의 총 결산으로 씌어진 것이며 헤세는『유리알 유희』에 대하여 자평을 이렇게 하였습니다.

"나의 삶과 문학의 최종 목표이며 폭력시대 한가운데서 감행한 정신에 대한 믿음의 고백이다."

이 소설은 헤세의 문학적 능력이 총결산 된 대표작으로 평가하며 노벨 문학상 수상에도 결정적인 역할을 한 것이라고 합니다. 이성과 양심이 사라지고 전쟁으로 몸살을 앓는 세상을 보며 서양문명의 한계와 인간 상실의 위기를 절감한 헤세는 반전적 태도를 취하여 나치의 탄압을 받게 되었습니다. 종당에는 작품을 인쇄할 종이를 배당받지 못했을 뿐만 아니라 1939-1945년까지 독일에서 헤세의 작품 출판 금지가 되었었습니다. 하여『유리알 유희』는 스위스에서 1943년 상재되었습니다. 전쟁이 끝난 다음 해 1946년에 그의 작품 활동이 재개되었으며 그해 노벨 문학상과 괴테문학상을 수상하였습니다. 그리고 이에 앞서 전원시집『전원에서의 시간』을 1936년에 상재하여 '고트프리트 켈러'상을 수상하였습니다.

헤르만 헤세

헤세는 소설 『유리알 유희』를 상재한 후 평생을 괴롭혀 온 시력 악화로 작품 활동을 중단하였습니다. 만년의 헤세는 알프스의 산간 마을 몬타놀라 카사 로사에서 그림을 그리며 자연과 친구들로 지극히 편안하고 조용한 나날을 보내었습니다. 그리고 헤세는 1947년 베른 대학교에서 명예박사학위를 수상하였으며 1955년 독일 도서출판협회에서 평화상 등 이외 많은 상을 수상하였고 1956년에 헤르만 헤세상을 제정하였습니다.

또한 헤세는 자신과 인연을 맺었던 3부인들을 위하여 3권의 동화를 썼습니다. 첫 부인 마리아 베르누이를 위하여 『붓꽃, Iris』을 1916년에 상재하고 둘째 부인 루드 벵어에게는 『사냥개를 거느린 사냥꾼의 변장, Piktors Verwandlungen』을 1922년에, 그리고 셋째 부인 니논 돌빈을 위하여 자서전적 동화 『새, Vogel』를 1933년 3월에 상재했습니다. 그리고 헤세는 자신의 유년 시절을 회상하여 쓴 회고기 『불구 소년』을 1937년에 상재했습니다.

때로는 '방문 사절'이란 안내문을 대문에 붙이고 알프스의 산간 마을

몬타뇰라에 칩거했던 헤세

때로는 소란한 도시 한가운데의 현대인의 고독과 절망을 누구보다 더 짙게 체험했던 헤세

때로는 영원한 은둔자와 방랑자로 살았지만 아세아의 수동성의 신봉자로 히틀러의 독재 치하에서도 진실과 정의를 외쳤던 헤세

헤르만 헤세 자택 앞 '방문 사절' 팻말 사진

헤세는 전 생애 85년 중 60년을 스위스에서 살았습니다. 그의 모든 작품, 시와 소설, 산문들은 스위스에서 쓰여졌습니다. 『페터 카멘찐트』를 위시하여 『수레바퀴 아래서』, 『게르트루트』, 『로스할데』, 『크눌프』, 『데미안』, 『싯다르타』, 『황야의 이리』, 『지와 사랑』, 『동방 여행』, 그리고 『유리알 유희』 등 이외 많은 주옥같은 작품들이 스위스의 자연풍광과 장소 그리고 친구들이 작품 대상이었으며 소재였습니다. 스위스는 헤세 자신이 선택한 제2의 고향이었으며 그 고향의 영향을 아낌없이 받아 많은 명작들을 남겼습니다. 뿐만 아니라 헤세는 화가로서 스위스의 자연을 배경으로 무려 3,000여 점의 그림(주로 수채화)을 후세에 남기고 있습니다.

헤세는 인간이 할 수 있는 노력으로 그 능력을 최대한 발휘하여 '인간 승리'를 거두고 몬타뇰라의 카사 로사 자택에서 뇌출혈로 1962년 8월 9일 선종하였으며 이틀 후 아본디오(Sant Abbondio in Gentilino)에 안치되었습니다. 이 묘지에는 절친 휴고 발 내외도 잠들고 있습니다.

끝으로 헤세가 신접살림을 하던 가이엔호펜에서 떠날 무렵 쓴 시詩 「홀로」를 소개합니다.

세상에는
크고 작은 길들이 많이 나있다.
그러나 모두가
같은 종착역을 갖고 있다.

말을 타고 갈 수도, 차를 타고 갈 수도,
둘이서 혹은 셋이서 갈 수 있으나,
마지막 한 걸음은
그대 홀로 가야만 하는 것.

그러므로
모든 고난은 자신의 몫이므로
스스로 감당해야 하는 것만큼
더 좋은 것은 없으리라.
– 헤르만 헤세 시 「홀로, Allein」 전문

Allein

Es führen über die Erde
Strassen und Wege viel,
Aber alle haben
Das selbe Ziel.

Du kannst fahren und reiten
Zu zweien und zu drei'n –
Den letzten Schritt musst du
Gehen allein.

Drum ist kein Wissen
Noch Können so gut,
Als dass man alles Schwere
Alleine tut.

H Hesse

헤르단 헤세의 시 「홀로, Allein」 자필 원본

라인 강에서 띄우는 문학 산책 14

불가능을 가능케 하고 무에서 유를 창조한 헤세는 인간 승리를 하여 명예와 부를 누릴 수 있었습니다. 그는 반듯한 학교 졸업장 한 장 갖지 못하였으나 스스로 갈고 닦은 견식으로 인류 최고의 지성인으로 추대 받는 문호로 군림하게 되었습니다. 그의 작품은 모든 사람들에게 깊은 감동과 꿈을 가지고 노력한다면 이루어진다는 따뜻한 위로와 희망을 심어주었습니다. 하여 헤세는 독일 사람으로서 6번째 노벨 문학상(1946년)을 수상하였습니다.

해마다 10월 초가 되면 문학을 업으로 하는 사람들은 노벨 문학상에 기대와 관심으로 설레고 있습니다. 전통과 권위를 인정하는 노벨 문학상의 위세는 가히 절대적인 것입니다.

우리나라에서는 과거 조선왕조 500년의 폐쇄주의에 묶여 그 영향으로 앞서가는 세계 문물을 일찍 받아들이지 못한 채 문호개방을 못하고 당쟁과 가난으로 허덕이고 있었습니다. 하지만 우리나라는 이웃나라 일본의 가와바타 야스나리(1899-1972)가 1968년 노벨 문학상을 수상함에 자극을 받아 정부가 본격적으로 노벨 문학상을 겨냥하여 1973년 집중적으로 현대작가의 작품을 한국문학 진흥재단(이사장 모윤숙, 상임이사 성기조)을 발족하여 번역하게 되었습니다.

이는 한국문단이 '한국문학 세계화'를 위하여 1970년대에 서울 화양동 모윤숙 선생의 자택에서 소설가 박종화, 극작가 서항석, 소설가 전광용, 수필가 전숙희, 시인 성기조 등이 모여 정부로부터 재단법인 허가를 받아 시작한 것이 문예진흥원의 모태라고 합니다. 이 계기로 한국 문학 발전의 발판으로 문예진흥원(1973-2000)과 번역금고(1996-2000)가 발족하여 우리나라문학 세계화를 위하여 번역 사업이 활발하게 됨에 따라 정부에서는 이 두 기관을 통합하여 현재의 한국문학번역원(2000년 3월)이 발족되었습니다. 그리고 1993년 민간기관 대산문화재단이 가세하여 한국문학 세계화와 노벨 문학상을 겨냥하여 획기적인 발전을 현재 시도示導하고 있습니다. 특기할 것은 노벨 문학상은 '생존한 작가'에게만 수여한다는 기존의 원칙에 의하여 현존 작가의 작품에 치중하게 된 것입니다.

1901년부터 현재까지 노벨 문학상을 수상한 작가들은 남녀 합하여 모두 112명이며 그 가운데 남자가 98명 그리고 14명의 여성이 수상의 영광을 차지하였습니다. 언어별로 본다면 단연 영어권이 27명으로 으뜸이며 다음은 불어가 16명, 독일어 13명, 스페인어 11명 그리고 스웨덴어가 6명 등입니다. 국가별로는 프랑스가 15명으로 1위를 차지하고 영국인 12명, 미국인 11명 그리고 독일인 10명으로 4위입니다.

그동안의 통계에 의하면 노벨 문학상은 대부분 구라파와 미국 작가들에게 수여되었습니다. 수상자 현황을 봐도 알 수 있듯이 동양에서는 처음으로 인도의 타고르(G.R.Tagore, 1861-1941)가 1913년 수상하였으며 일본의 가와바타 야스나리(1968년 수상)와 오에 겐자부로(1994년 수상), 나이지리아의 월레 소잉카(1986년 수상), 이집트의 나기브 마푸즈(1988년 수상), 터키의 오르한 파무크(2006년 수상), 중국의 모옌(2012년 수상) 등입니다.

우리나라에서는 오래 전부터 노벨상을 겨냥한 거국적인 관심사로 한국인 수상자 배출은 국가적 위상을 위한 숙원 사업인 만큼 우리문학 세계화를 적극 추진하고 있습니다. 여담으로 우리나라의 고은 시인은 수차례에 걸쳐 매년 노벨 문학상 후보에 올랐으나 유감스럽게도 수상하지 못하였습니다.

전례로 보아 노벨 문학상은 초기에는 노벨이 명시한 이상적(ideality)라는 기준을 문학적 이상주의라는 협의로서 해석하여 수상 여부를 결정하였으나 시대가 변천하면서 점차 보다 광범위하게 '이상理想'으로 기준을 적용하게 되었습니다. 하여 작품에 수여하는 것이 아니라 작가에게 수여하는 것입니다. 작가의 생애는 그 작가의 작품과도 밀접한 관계를 맺고 있습니다. 즉 성장 과정을 통하여 그 사람의 일생에 따라 가치관이 설립되기 마련입니다. 작품은 작가의 사상과 지식을 통하여 유려한 문체로써 독자의 심금을 울리는 지극히 인간적인 이상理想과 효시를 제시한 것이 특징이라고 하겠습니다.

그렇습니다. 많은 사람들이 선망하는 명예와 부를 두 손에 잡을 수 있는 노벨 문학상을 수상한 14명의 여류 작가들을 소개하고자 합니다.

수상연도	수상자	국가와 장르	대표작
1. 1909년	셀마 라게를뢰프	스웨덴, 소설가	닐스의 모험
2. 1926년	그라치아 델레다	이탈리아, 소설가	코시마
3. 1928년	시글리 운세트	노르웨이, 소설가	크리스틴 라브란스테르
4. 1938년	펄 벅	미국, 소설가	대지
5. 1945년	가브리엘라 미스트랄	칠레, 시인	비수
6. 1966년	넬리 작스	독일, 시인이자 극작가	엘리
7. 1991년	나딘 고디마	남아공, 소설가	사탄의 달콤한 목소리
8. 1993년	토니 모리슨	미국, 소설가	재즈
9. 1996년	비슬라바 쉼보르츠카	폴란드, 시인	모래알갱이가 있는 풍경
10. 2004년	엘프레데 옐리네크	오스트리아, 소설가	피아노 치는 여자
11. 2007년	도리스 레싱	영국, 소설가	마사 퀘스트
12. 2009년	헤르다 뮐러	독일, 소설가	저지대
13. 2013년	앨리스 먼로	캐나다, 소설가	행복한 그림자의 춤
14. 2015년	스베틀라나 알렉시예비치	벨라루스, 논픽션작가	체르노빌의 목소리, 미래의 연대기

등입니다. 이렇듯 세계 여러 나라의 여성들이 행운의 노벨 문학상을 수상하였습니다. 그러나 노벨 문학상을 15명이나 받아 수상자 순위 1위를 차지한 프랑스에서는 현재까지 여성이 한 명도 없는 반면 독일에서는 2명의 여성 작가가 수상하는 쾌거를 올렸습니다만 이들은 나치 시절에 독일 민족의 우월감으로 맹목적이고 광신적인 애국주의에 도취한 게르만족이 아닌 유대계 독일인으로 시인이며 극작가 넬리 작스(Nelly Sachs, 1891-1970: 1966년 수상, 스웨덴으로 귀화)와 루마니아

태생 독일인 소설가이며 시인 그리고 에세이 작가 헤르타 뮐러(Herta Müller, 1953년- : 2009년 수상)입니다.

물론 독일에는 명성을 떨치고 유능한 근대 중견 여성 작가들이 많이 있습니다. 이를테면 우리나라에서도 널리 알려진 루이제 린저(Luise Linser, 1911-2002)를 위시하여 우타 다넬라(Utta Danella, 1920-2015), 잉게보르그 박흐만(Ingeborg Bachmann, 1926-1973), 크리스타 볼프(Christa Wolf, 1929-2011), 에바 헬러(Eva Heller, 1948-2008) 등은 이미 작고하였으며 잉그리드 놀(Ingrid Noll, 1935-), 엘케 하이덴라이히(Elke Heidenreich, 1943-), 도리스 되리에(Doris Dörrie, 1955-) 등 이외도 많은 작가들이 활발히 작품 활동을 하고 있습니다.

하지만 이들을 제치고 헤르만 헤세가 수상하고 20년 만에 독일어로 그것도 여성작가로서 처음 노벨 문학상을 1966년 수상한 넬리 작스는 유대인 작가 사무엘 요셉 아그논(Samuel Joseph Agnon, 1888-1970)과 공동으로 수상하였습니다. 사무엘 요셉 아그논은 소설가이며 시인입니다. 히브리어로 작품을 썼으며 유대 사람들의 생활을 주제로 한 깊은 예술의 정신을 박력 있는 표현으로 서술하였습니다. 대표작으로 『신랑을 구함』, 『두려움의 날』, 『바다의 한복판에서』, 『불타는 신비』 등이 있습니다.

그리고 넬리 작스의 초기작품들은 낭만적이고 사랑을 주제로 한 것이 많으나 후일에는 가장 포착하기 힘든 인간의 모습(운명)을 묘사하고 나치 점령 시대의 잔인한 현실을 고발하는 작품을 주로 썼습니다.

"이스라엘의 운명을 정확하게 묘사한 시와 드라마 작품들의 공로를 인정하여 노벨 문학상을 수여한다."

넬리 작스(Nelly Sachs, 1891-1970)

라고 스웨덴 아카데미가 발표했을 때 넬리 작스를 그 누구도 예상하지 못한 너무나 뜻밖의 생소한 작가였으므로 놀란 사람들이 많았습니다.

실은 넬리 작스는 독일에서 태어났으나 그때 75세로 스웨덴 국적을 소유하고 있었습니다. 그녀는 히틀러 치하에서 오직 살기 위하여 그녀의 나이 49세 때 스웨덴으로 망명하여 다시는 독일에 돌아오지 않았습니다. 하지만 그녀의 모든 작품은 독일어로 쓰여졌으며 독일어로 된 작품을 스웨덴어로 번역을 하였답니다. 하여 넬리 작스는 자신의 모든 작품을 독일어로 발표했으므로 스웨덴 사람들은 물론 이스라엘 사람들마저 그녀의 작품을 모르고 있었고 더욱 독일에서는 그때 그녀의 시집이 4권 출간되었으나 그녀의 작품은 물론 그녀의 존재조차 모르고 있었습니다. 뿐만 아니라 노벨상이 수상된 연후에도 - 대부분의 노벨 문학상 수상자들이 받는- 폭발적인 독자들의 반응에 따른 명예와 부를 그녀는 누리지 못하였습니다. 그 이유는 그녀의 작품 특징이 매우 독특하고 신비 유대교 즉 카발라(Kabbalah), 그중에도 소위 조하르(Zohar 또는 Sohar)에 대한 이해가 없으면 매우 난해하기 때문에 다른 언어로 번역함에 있어 어려움이 많기 때문입니다.

카발라는 기원전 시대부터 중세시대에 가장 활발하였던 유대교의 신비주의 전통과 그러한 경향의 운동을 또는 그 안에서 전해져 내려오는 수많은 전승들을 모두 통칭하여 일컫는 말입니다. 히브리어 '키벨'에서 온 말로 전래된 '지혜와 믿음(전승傳承을 의미)'을 가리킵니다. 하여 카발라는 세계 도처에서 볼 수 있는 신비주의 전통과 일맥상통합니다. 유대민족은 너무나 오랫동안 일정한 곳에 나라를 세워 안주하지 못하였으나 고유의 역사적 특정상 오랜 세월 광범위하게 세계 여러 지역으로 흩어져 활동을 해온 터라 카발라 전통도 양적으로 엄청나게 많은 재료들과 질적으로도 상이한 내용들을 담은 자료들을 많이 갖게 되었습니다.

그 교리를 간략하게 설명하자면 "신神에 의하여 이 세상이 창조되어 신으로 하여금 세상이 발달되었으며 그러한 창조를 통하여 태어난 인간들은 신의 협력자로서 신의 창조 과정을 역으로 거슬러 올라가 다시 완성해야 한다."는 것입니다. 카발라를 이해하기 위해서는 어느 정도의 유대교적 성령의 경지에 도달해야 가능하다고 합니다. 아무튼 카발라는 말 그대로 신비주의이며 백과사전을 포함하여 일반적으로 통용되는 정확한 설명은 없다고 합니다.

유대교 신비주의 바탕으로 작품을 주로 쓴 작은 거인巨人 넬리 작스는 기적을 꿈꾸는 언어의 마술로 순탄치 못한 고달픈 삶을 인간 승리로 이끌었습니다. 하여 그녀의 인생행로를 앞으로 살펴보고자 합니다.

라인 강에서 띄우는 문학 산책 15

넬리 작스

독일에서 여성으로 최초 노벨 문학상을 1966년 수상한 넬리 작스는 1891년 12월10일 아버지 윌리엄 작스(William Sachs)와 어머니 말가레테 작스(Margarethe Sachs)의 무남독녀로 베를린 쉔베르그 동물공원(Tiergarten) 근교에서 태어났습니다. 예나 지금이나 베를린 동물공원 근교는 흔히 집 앞이나 주변에 정원이 있는 그런 곳이 아니라 숲 속에 환상적인 저택이 있는 곳입니다. 오늘날에도 베를린에는 무려 20개가 넘는 울창한 나무들로 숲을 이룬 동물공원이 있습니다. 넬리 작스의 부모는 유대인 사업가로 크게 성공하여 그 당시 유대인

넬리 작스 노벨문학상 수상 기념우표

사회의 저명인사였습니다. 하여 넬리 작스는 어느 나라 공주처럼 유년시절을 보내었습니다. 그녀는 어릴 때 가정교사에게 교육을 받았으며 선천적으로 병약하고 왜소(키 153cm)하였으나 아버지의 서재에 파묻혀 동화와 민담을 즐겨 읽고 차츰 낭만주의의 혼이 곁들인 작품, 구비문학과 소설을 읽어 문학적 소양을 키우면서 인형극과 음악과 무용도 좋아하였습니다. 특히 일곱 살 나이로 첫 시詩를 써 주변 사람들을 감탄케 하였답니다. 넬리 작스는 나이 14살이 되어 비로소 베를린 부유층 자녀들이 다니는 명문여학교에 가게 되어 그 학교에서 5년간 공부를 한 것이 그녀의 학교 교육 학력 전부입니다. 물론 독일에서 흔히 배울 수 있는 직업을 갖기 위한 어떤 과정도 밟지 않았습니다.

15세 생일날 넬리 작스는 스웨덴 소설가이며 시인인 셀마 라겔뢰프(Selma Lagerlöf, 1858-1940)의 첫 소설『괴스타 베를링 이야기, Gösta Berling』를 독일어 번역판(1896년)으로 선물 받았습니다. 그녀는 셀마 라겔뢰프의 이 작품에 감명을 받아 심취하게 되어 셀마 라겔뢰프에게 편지를 하게 되었고 그들의 편지 내왕은 셀마 라겔뢰프가 사망(1940년) 할 때까지 자그마치 35년간 이어져 많은 서신을 남기고 있습니다.

셀마 라겔뢰프의 첫 소설『괴스타 베를링 이야기』는 1891년에 현상

모집 당선작으로 상재되었으며 원명, 스웨덴어로 『Goesta Berlings saga』입니다. 이 작품으로 그녀는 문단에 데뷔하게 되었고 이 소설은 그녀가 10년에 걸쳐 쓴 작품입니다. 작품 내용은 주인공 괴스타 베를링이 목회자 자리를 박차고 기마병 장교가 되어 차츰 알코올 중독자로서 방탕한 생활을 하는 이야기입니다. 셀마 라겔뢰프의 대표작들을 살펴보면;

1894년 『보이지 않는 고백』, 그리고 왕실로부터 장려금을 받아 외국 여행을 한 다음 그 성과로 1897년 『반反 그리스도의 기적』과 1902년 『예루살렘』 1권과 2권을 상재했습니다. 이 작품들은 농민들의 신앙과 향토애의 상극을 그린 대작이며, 단편집 『늪터 집 딸』은 한 가난한 집 딸의 선의와 사랑의 일생을 그린 작품입니다. 1912년, 소설 『환상의 마차』가 영화화되어 셀마 라겔뢰프는 더욱 명성을 얻어 유명한 작가로 군림하게 되었습니다. 그리고 1906년에 상재한 청소년 · 소녀를 위한 『닐스의 신기한 여행』 또한 유명한 작품 입니다.

"고상한 이상주의를 인정하며 그녀의 글쓰기에서 나타난 생생한 상상력과 영감이 넘치는 인식을 고려하여 상을 수여한다."

라고 한 것은 스웨덴 아카데미가 셀마 라겔뢰프에게 1909년 사상 최초로 노벨 문학상을 여성에게 수여하였을 때에 발표한 평입니다. 그리고 1914년 그녀는 여성으로서 최초로 영광의 스웨덴 아카데미 회원이 되었습니다.

넬리 작스는 17세가 되어 본격적으로 시를 쓰기 시작하여 시인이 될 꿈을 키웠습니다. 이 사실을 접한 그녀의 아버지가 그 당시 유명한 작가로 널리 알려진 슈테판 츠바이크(Stefan Zweig, 1882-1942)를 초청하여 딸의 재능을 지원해 주기를 부탁했습니다. 슈테판 츠바이크 또한 유대인으로 그 당시 잘츠부르크에서 거주하고 있었습니다. 슈테판 츠바이크의 도움으로 넬리 작스는 1920년 첫 작품『전래 민담과 소설, Legenden und Erzählungen』을 상재했으며 그때 그녀 나이 30세였습니다. 그 후 그녀는 몇몇 일간지에 시를 발표하였으나 별다른 주목을 받지 못하였습니다.

그 당시만 하더라도 독일 유대인들, 특히 베를린에 거주하고 있던 유대인들은 독일 언어와 독일 문화에 잘 동화되었기에 스스로 독일인으로 착각하고 있던 사람들이 대부분이었으며 물론 넬리 작스도 그들과 마찬가지였습니다. 그녀는 어린 시절 가정교사를 따라 유대교 사원인 '시나고그'에 한 번 가본 일은 있었으나 그리스도교 문화에 익숙하였으므로 자연스럽게 그녀에게는 독일어가 모국어였고 독일이 조국이라고 생각하였답니다.

한편 20세기 초 베를린은 급속도로 발전하여 소위 독일의 메트로폴리스로 자리를 굳히고 있었으며 또 한편으로는 문화 및 경제면에서 유대인들의 메트로폴리스였습니다. 베를린에는 이미 16만 여명의 유대인들이 거주하고 성공한 사업가를 위시하여 의사, 변호사, 은행가들이 유대인 사교계를 형성하고 베를린의 저명인사들로 자리를 잡고 있었습니다. 이를테면 독일의 민간인 은행 절반이 유대인 소유였고 증권시장 또한 유대인들이 장악하고 있었을 뿐만 아니라 독일 신문 절반 그리고 백화점의 80%도 유대인들의 소유였습니다. 그 좋은 예로 1793년 베를린에 멘델스존 은행이 설립되어 독일 경제계뿐만 아니라 베를린의 19세기 문화계에서 막강한 영향력을 행사하다가 1939년 나치에 의해 강제 폐업 당하였습니다. 설립자 모제스 멘델스존은 바로 낭만주의 시대의 유명한 작곡가, 피아니스트, 지휘자였던 펠릭스 멘델스존-바르톨디(J.L.F.Mendelssohn-Bartholdy, 1809-1847)의 친할아버지였습니다.

베를린 브란덴부르크 개선문

오늘날 독일의 수도인 베를린에 대하여 간략하게 살펴보고자 합니다.

독일 북동부 슈프레(Spree) 강과 하벨(Havel) 강 연안에 있는 베를린은 그 옛날서부터 시작하여 오늘날에 있어서도 독일의 수도로서 현재 3,562,166(2012년 기준)명으로 독일 내 단일 규모로 최대 인구 도시입니다. 실은 1300년 전 현재의 베를린 지역에 게르만족만이 아닌 다양한 슬라브 민족들이 살았습니다. 독일 정착자들이 1100년대에 이 지역을 차지하여 슈프레 강 북동쪽 제방에서 시작하였습니다. 이 시기에 슈프레 강의 섬에 쾰른(Coelln)이라는 마을이 형성되어 있었으므로 이 두 마을은 곧 통상의 중심지가 되였던 것이지요. 15세기에 와서 베를린은 브란덴부르크(Brandenburg)의 중요한 도시가 되어 15세기 후반 호엔촐레른(Hohenzollern) 왕가가 베를린에 그들의 관저를 만들었습니다. 그러나 30년(1618-1648년)전쟁으로 베를린에 있던 가옥들은 3분의1이 파손되었고 인구는 반으로 줄어든 큰 피해를 입었습니다만 호엔촐레른 왕가 프리드리히 빌헬름 (Friedrich Wilhelm, 1620-1688) 왕에 의하여 재건되어 번영하게 되었습니다. 그는 브란덴부르크를 1640년부터 1688년까지 통치하여 산업을 촉진시키고 건설에 아낌없는 후원을 하였습니다. 하여 그의 통치하에 슈프레 강과 오데르 강 사이에 운하를 건설하였습니다. 뿐만 아니라 그는 1671년 유대인 가족 50가구家口를 오스트리아에서 베를린으로 이주하게 하였는가 하면, 1685년 프랑스 개신교인 15,000명을 초대하여 그들 가운데 6,000명이 베를린에 거주하게 되어 1700년도에는 베를린 인구 20프로가 프랑스인으로 구성되어 문화적으로 크게 영향을 받게 되었습니다. 또한 그는 1694년 베를린에 할레 대학을 설립하였으며 위대한 업적들을 남기고 베를린에서 서거하였습니다.

프리드리히 빌헬름 왕으로부터 프로이센의 통치권을 위임받은 아들 프리드리히 1세(1657-1713)가 프로이센(Preussen)왕국의 수도로 1701년에 베를린을 삼았습니다. 그는 1710년에 기존의 베를린과 쾰른과 주변의 작은 집단을 하나의 베를린으로 통합하여 크게 성장케 했습니다. 하여 작은 집단으로 시작하여 통상과 제조업의 중심지로 발전한 베를린에서는 또한 예술과 과학이 번창하여 빠르게 문화의 메트로폴리스가 되었던 것입니다.

베를린은 나폴레옹 1세에 의하여 점령(1806-1808년)되었으나 그가 떠난 후 독일의 강국이었던 프로이센의 수도로 더욱 번창하였습니다. 그 후 1871년 독일제국의 수도가 되었으나 1918년 1차 세계대전 말에 독일제국은 무너지고 베를린은 새 바이마르공화국의 수도가 되었습니다.

1929년 검은 목요일 경제 대공황이 미국에서 시작하여 전 세계로 번져간 시기에 피폐해진 독일을 아돌프 히틀러(Adolf Hitler, 1889-1945)가 경제발전을 위한 그 해결의 묘책으로 독일 민족 생존권 수립 정책을 주장하였던 것입니다. 하여 후일 아돌프 히틀러가 이끄는 나치 정권(1933-1945)이 세워지는 원인이 되었지요. 즉 국가사회주의 독일 노동자당(독일어 약자로 NSDAP)이며 우리가 흔히 말하는 바로 '나치'당입니다.

2차 세계대전 이후 패전국인 독일은 분단되면서 동·서 베를린으로 나누어지게 되었고 서 베를린의 주권은 서독에 있었으나 독일민주공화국(동독)에 완전히 둘러싸여 있었습니다. 하긴 2차 세계대전이 끝난 후 한때 4대 강국, 미국, 영국, 프랑스 그리고 소련 연합국이 베를린을 4쪽으로 나누어 각각 차지하였답니다. 여담으로 독일이 통일하기 전까지 한국사람으로서 서 베를린에 가려면 육로로 서독에서 동독을 거칠 수 없었으므로 반드시 항공편을 이용해야만 했습니다.

그런 와중에 독일민주공화국(동독)에서는 동 베를린을 탈출하는 시민들이 많아지자 이를 막기 위하여 1961년 8월 13일 동 베를린과 서 베를린의 경계에 그 유명한 베를린 장벽을 설치하여 냉전의 상징이 되게 하였습니다.

그 시절 서 베를린 시장은 빌리 브란드(Willy Brandt, 1913-1992)였습니다. 그는 독일연방공화국(서독)의 총리였으며 1971년 노벨 평화상을 수상한 분입니다. 그는 1970년 12월 7일 폴란드를 방문하였을 때 바르샤바의 2차 세계대전 희생자 비석 앞에서 무릎을 꿇어 유대인 학살사건을 사죄하는 모습을 보였습니다. 독일의 가장 치욕적인 역사를 증언하는 곳이었으므로 나치에 희생된 수많은 영령들에게 말로 사과할 수 없는 현장이었던 것입니다. 하여 그가 한 말은 "인간이 말로써 표현할 수 없을 때 할 수 있는 행동을 했을 뿐이다."라는 명언으로 행동하여 세계 모든 사람들을 감동케 했습니다. 진정한 참회와 용서를 통하여 국제사회가 독일을 다시 받아들이는 길을 열었던 것입니다.

1989년 베를린 장벽이 해체되고 1990년 10월 3일 전격적으로 독일이 통일을 하면서 베를린은 독일의 수도로 다시 환원되었습니다.

20세기는 인류에게 참담한 고난의 세기였습니다. 1차 세계대전(1914년 7월 28일-1916년 11월 11일)이 발발하였고 세계경제공황(1929), 히틀러의 집권(1933-1945)과 스페인 내란(1936) 그리고 2차 세계대전(1939년 9월 1일-1945년 8월 15일)으로 가장 불행한 시기였습니다.

하지만 1671년 공식적으로 처음 베를린에 정착한 유대인들의 후예들은 이 혼란기에도 베를린에서 경제권과 문화권을 장악하고 있었습니다. 히틀러가 독일을 집권하자 잘살고 있는 유대인들을 그대로 좌시할 수가 없었습니다. 그는 독재 권력자로서 국민들에게 우수한 독일 국민으로서 '주권을 회복'하고 '세계지배'라는 망상을 주입시켜 세뇌하여 권력을 확장하였던 것입니다.

드디어 히틀러는 1939년 1월 30일 독일제국주의대회 공개 연설에서 "유럽에 있는 유대인 종족을 모조리 말살해야만 한다."라고 선언하여

'특별 취급(Sonderbehandlung)'을 하여 유대인들을 모두 죽음으로 몰았습니다.

유대인들은 3천 년 전 파라오 밑에서 이집트에서 또는 바빌론 감옥에서 탈출한 고통의 연속임을 새삼 실감하게 된 것입니다. 유대인 박해와 더불어 자신들이 어쩔 수 없는 유대인이라는 것을 깊이 깨닫게 되었던 것이지요. 하여 베를린에서는 유대인 박해와 병행하여 유대인 집단의식이 강화되었으나 무기와 폭력으로 맞선 것이 아니라 유대교 성경, 유대인 역사 서적을 그리고 유대인 학교가 설립되어 각종 유대인 교과서가 발행되었던 것입니다. 그런 가운데 또 한편으로 유대인들은 대규모 독일 탈출을 시도했습니다. 그 결과 유대인 출입 금지 조처가 취해진 1941년 10월까지 불행 중 다행으로 30여만 명 이상의 유대인들이 독일을 탈출하는데 성공하였습니다.

역사적으로 볼 때 유대인들은 언제 어디서나 박해받고 추방된다고 할지라도 그들 특유의 살아남기 위한 능력과 재치와 재정을 관리하는 기술을 가지고 있었습니다. 예수를 십자가에서 죽음을 당하게 한 것은 로마제국도 헤롯왕도 아닌 바로 유대인이었습니다. 예수를 로마제국에 고발한 것도 유대인이었고 은화 30량으로 예수를 팔아넘긴 유다도 유대인이었습니다.

라인 강에서 띄우는 문학 산책 16

한편 나치들은 주객主客이 전도顚倒될 수 있는 상황이라 주장하며 유대인들을 "살 가치가 없는 생명(lebensunwertes Leben)"이라고 지칭하고 유대인 학살을 정당화 하였습니다. 아돌프 히틀러는 "유대인들은 하나의 인종임에는 틀림없으나 인간은 아니다."하고 "독일의 정치적, 문화적, 교육적 사회에서 유대인들을 배제해야 한다."라는 뜻을 히틀러의 유명한 책『나의 투쟁, Mein Kampf』에도 썼습니다. 그는 천인공노할 유대인 몰살을 역사적으로 유래 없는 홀로코스트(Holocaust; 그리스어로 '전체'와 '불태움'의 합성어로 고대 그리스에서 신에게 동물을 태워 바치는 것에서 유래함), 즉 유대인, 슬라브족, 집시, 동성애자, 장애인, 정치범(공산주의자) 약 1천1백만 명을 살해한 것을 의미합니다. 그중 유대인은 무려 6백만여 명으로 그 당시 유럽에 거주하던 9백만 명 중 3분의 2에 해당하는 인원이었습니다. 이를테면 유대인 어린이

약 일백만 명, 여자 2백만 명, 남자 3백만 명이라고 합니다. 나치들은 독일과 나치 점령 지역에서 약 4만개의 시설에 이들을 집단 수용, 구금하여 죽음으로 몰았던 것입니다. 더욱 놀라운 것은 나치들은 '궁극적 해결, Final Solution'이라고 유대인 학살을 지칭하며 3대 혹은 4대, 유대인 선조가 있는 사람들도 예외 없이 말살했다고 합니다.

미물인 지렁이도 디디면 꿈틀거리는데 유대인들은 완전 무방비 상태로 무장 활동이나 어떤 극렬한 저항도 하지 못한 채 나치당의 박해를 당하였던 것입니다. 물론 극소수의 지하 조직의 저항이 있어 "도살장으로 끌려가는 양떼가 되지 마십시오."라고 외치며 대항했으나 막강하고 철저한 나치들의 소탕작전에는 역부족이었다고 합니다.

하긴 유대인들은 2천년 가까운 세월 동안 박해를 받으며 저항은 구원이 아닌 죽음을 몰고 오는 냉혹한 현실에 부딪혀 왔으므로 이러한 역사의 반복 속에서 그들의 논리와 전승, 문화와 사회 구조, 언어까지도 타협과 설득, 애원으로 가득 차게 되었고 거기에 저항과 대결의 자리는 사라지고 없었던 것입니다. 하여 그 당시 유대인들은 반복되어온 순종의 역사가 각인한 타성 속에 갇혀 버린 셈입니다.

또한 히틀러는 세계정복의 야심을 불태우며 전 세계의 수도에 해당하는 도시를 계획하고 추진하였으나 이 일은 히틀러의 패망으로 수포로 돌아갔습니다. 히틀러는 알베르트 슈페어라는 건축가를 고용하여 1938년에 인구 일억 명의 세계 제일의 수도 '게르마니아'를 오늘날 베를린에 해당되는 지역에 아주 치밀하게 계획하고 심혈을 기울여 공사에 임했습니다. '게르마니아'를 조성하기 위하여 슈페어는 오랜 역사의 문화적 유산을 깡그리 없애고 무려 7km에 달하는 직선도로를 내어 그 도로의 끝에 300m가 넘는 18만 여명 이상을 동시에 수용할 수 있는 엄청 큰 국민대회장(Grosse Halle)을 세웠다고 합니다.

그러나 하늘은 무심치 않았습니다. 비틀어진 민족주의와 허망한 세계제패의 야욕에 사로잡힌 히틀러와 슈페어의 광신적인 신전을 위한 이 엄청난 도시는 1945년 패전과 함께 공사가 중단됨은 물론이거니와 전대미문의 폐허가 되고 말았습니다.

넬리 작스와 어머니

곱게 자라 성장한 넬리 작스는 암으로 고생하던 아버지의 사망(1930년) 후 그녀의 삶은 고난의 연속으로 힘든 길을 밟아가야만 했지요. 1933년 히틀러의 유대인 학살이 본격화하여 그녀의 아버지가 보유하고 있던 모든 재산은 약탈당함은 물론이거니와 그녀의 가족이 살고 있던 그 큰 저택에서 쫓겨나 어머니와 그녀는 작은 아파트로 이사하여 은둔 생활을 시작하였으며 그녀의 가정은 히틀러의 강권으로 산산 무너져 버렸습니다. 늘 나치의 돌격대 대원들의 감시를 받으며 온갖 수난을 겪었습니다. 그녀는 반백 년 뿌리를 내린 독일에서 살았고 독일어와 독일문화에 익숙하였으나 뒤늦게 자신이 박해와 고통을 당하는 유대민족임을 뼈저리게 알게 되고 주어진 운명을 어쩔 수 없이 받아들여야만 했습니다.

그 당시 히틀러는 선전포고도 없이 1939년 9월 1일 폴란드를 침공함으로써 제2차 세계대전을 일으켰으며 독일의 주변 국가들을 위시하여 프랑스와 덴마크와 노르웨이 또한 점령 상태로 북 노르웨이가 힘겹게 대항하고 오직 영국만이 버티고 있던 터여서 구라파는 막다른 골목에 처했으며 나치의 위력은 그야말로 하늘을 찌를 듯 그 기세가 등등하여 세계제패를 목전에 둔 것처럼 '위대한 독일'을 외쳤을 때였습니다.

넬리 작스는 1939년 게슈타포에 끌려가 심한 고초를 당하여 목숨의 위협을 온몸으로 받아 그대로 살아갈 수 없는, 도저히 견딜 수 없는 상황에 처하고 말았습니다. 하여 그녀는 어머니와 독일을 떠나 스웨덴으로 가기로 결심하고 친구 구드룬 할란(Gudrun Harlan)을 셀마 라겔뢰프에게 보내어 스웨덴 입국 허가 비자를 받을 수 있게 도움을 요청했습니다. 그 당시 셀마 라겔뢰프는 81세의 고령으로 중병을 앓고 있었음에도 불구하고 그 요청을 받아들여 스웨덴 국왕의 친 동생 화가인 오이겐에게 도움을 청하여 스웨덴 왕가의 특별한 도움으로 극적으로 마지막 순간에 넬리 작스 모녀는 비자를 받게 되어 떠날 수 있었습니다. 이미 그녀에게는 유대인 수용소로 가는 수송 영장이 발부된 터여서 잠시도 지체할 수 없는 상황이었습니다.

하여 넬리 작스는 곧 독일 출국 허가를 받기 위하여 관할 경찰서에 가서 담당 경찰관을 만나 수속을 밟게 되었는데, 그때 그 경찰관이 기차나 배는 위험함으로 비행기를 타고 갈 것을 권하였습니다. 그 당시 독일 국경에서는 나치들이 유대인들의 출국 허가증을 모두 압수하고 있었답니다. 그리고 그런 조언을 그럴 때 누구나 할 수 없었기에 그 경찰관의 특별한 배려에 그녀는 두고두고 감사하고 "착한 독일 사람은 모두 다 죽은 것이 아니었다."라고 하였습니다. 그때 그녀 또한 비행기를 탈 경제적 형편이 아니었으나 그 경찰관의 조언에 힘입어 비행기를 이용해 무사히 독일을 벗어났습니다. 드디어 그들 모녀가 1940년 5월 16일 스톡홀름 비행장에 도착하여 입국 수속을 마쳤을 당시 그들 모녀 주머니에는 각각 15크로넨(현재 환율로 2,500원) 밖에 돈이 남아 있지 않았습니다. 그때 넬리 작스는 49세였고 그녀의 어머니는 69세였습니다.

엎친 데 덮친 격으로 넬리 작스에게는 버팀목이요 생명의 은인이었던 셀마 라겔뢰프는 넬리 작스가 스웨덴에 도착하기 2개월 전(1940년 3월 10일)에 소천하였던 것입니다. 그러나 셀마 라겔뢰프는 노벨 문학상 수상자로 스웨덴 아카데미 회원이었으므로 그녀의 후임인 히알마르 굴베르그(Hyalmar Gullberg)에게 넬리 작스를 돌보아 줄 것을 부탁하였다고 합니다. 그 당시 스웨덴 주민들은 행여 히틀러의 불똥이 튈세라 몸을 사리고 망명자들을 달가워하지 않았습니다. 하지만 그런 상황임에도 그들 모녀는 스웨덴으로 망명 온 유대인 어린이의 피란민 수용소에 머물게 되었으며 넬리 작스는 워낙 왜소하여 어린이 침대를 사용하며 망명생활을 시작하였다고 합니다.

모든 것이 낯선 스웨덴에서 넬리 작스는 무엇보다 어머니를 부양할 일이 시급했으나 할 수 있는 일이나 배운 것이라고는 전혀 없어 결국 남의 집 빨래 도우미와 막노동을 하게 되었습니다. 그 당시만 하더라도 요즘처럼 손가락 하나로 해결하는 세탁기가 없어 우물가나 냇가에 가서 빨래를 손빨래 해야만 했습니다. 하지만 그 와중에도 넬리 작스는 어머니를 모시고 단칸방에서 틈틈이 스웨덴어를 배우고 시를 쓰고 책을 읽었으며 어머니가 타계(1950년)할 때까지 아니 그 후에도 가난을 함께하고 살았습니다.

넬리 작스의 망명 후 첫 시집『죽음의 주택들 속에서, In den Wohnungen des Totes』의 시들은 1941년에서 1944년 사이에 쓰여졌고, 두 번째 시집『별들이 어두운 집, Sternenverdunkelung』은 1944년에서 1946년에 쓴 작품들입니다. 특기할 것은 이 두 권의 시집들은 모두 과거 공산주의 체제하의 동독 베를린에서 상재되었습니다. 그 당시 동독의 문화계 거물로 시인이라고 자처하며 1954년 동독 문화부장관을 지낸 요하네스 베거(1891-1958)의 도움이 컸다고 합니다. 그녀의 1940년대 유배 시기의 시들은 주로 유대민족과 고통과 죽음을 소재로 한 것들이며 망명 전 초기의 낭만적이고 사랑을 다룬 작품과 많이 달랐습니다. 한 인터뷰에서 그녀는 "누구를 위하여 글을 쓰는지 자신도 모른다."고 하며 "나는 살아남기 위하여 쓰고 나는 불꽃처럼 썼다."라고 했습니다.

넬리 작스가 1947년에 쓴 시「오 저 굴뚝들이여, O die Schornsteine」를 소개합니다.

오 저 굴뚝들이여
끝너주게(절묘하게) 고안해 지은 죽음의 집들 위에서
이스라엘의 육체들이 연기로 변하여
대기 속으로 빠져 나가는구나-
별 하나가 굴뚝 청소부처럼 연기를 맞아 준다.
시커먼 연기
어쩌면 햇빛이던가?

오 저 굴뚝들이여!
예레미아와 욥의 티끌을 위한 자유의 길-
그 뉘가 너희들을 고안해 내고 벽돌을 하나씩 쌓아 올렸나 망명을 위한 길은 연기였던가?

오 저 죽음의 집들이여,
원래 손님이었으나 집 주인을 위해 마련한 것
오 너희 손가락들,
마치 삶과 죽음을 가르는 칼처럼
입구 문턱을 설치하였구나.

오 너희 굴뚝들.
오 너희 손가락들.
그리고 공기 속으로 연기로 사라지는 이스라엘 육신이여!
- 넬리 작스, 「오 저 굴뚝들이여」

O die Schornsteine
Auf den sinnreich erdachten Wohnungen des Todes,
Als Israels Leib zog aufgelöst in Rauch
Durch die Luft -
Als Essenkehrer ihn ein Stern empfing
Der schwarz wurde
Oder war es ein Sonnenstrahl?

O die Schornsteine!
Freiheitswege für Jeremias und Hiobs Staub -
Wer erdachte euch und baute Stein auf Stein
Den Weg für Flüchtlinge aus Rauch?

O die Wohnungen des Todes,
Einladend hergerichtet
Für den Wirt des Hauses, der sonst Gast war-
O ihr Finger,
Die Eingangsschwelle legend
Wie ein Messer zwischen Leben und Tod-

O ihr Schornsteine,
O ihr Finger,
Und Israels Leib im Rauch durch die Luft!
-Nelly Sachs, 「O die Schornsteine」

그렇습니다. 넬리 작스는 나치들의 비인간적인 잔인무도함을 세상에 고발함에 총 칼보다 더 효율적인 강한 정신으로 대항함에 가장 인간적인 절규를 시로써 했습니다.

라인 강에서 띄우는 문학 산책 17

넬리 작스는 견디기 힘든 시간을 고대 유대인들의 글과 유대민족의 역사를 읽으면서 자신을 위로했다고 하였습니다. "고통은 그 자체의 의미가 있음을 사람들은 믿어야 하며 '믿음 또는 신앙 Glaube'과는 관계없이 그것은 필요 불가결한 것이다." 고, 또한 죽음과 삶을 넘나드는 삶을 살았으므로 "죽음은 나의 스승이었다."라고 말했습니다.

넬리 작스의 작품에는 흔히 꽃과 산과 바다와 같은 자연을 칭송하고 소소한 주변잡기를 소재로 하지 않은 종교적인 바탕과 유대교의 신비주의와 동양의 예지가 많이 담겨 있습니다. 물론 초기의 작품, 즉 히틀러의 유대인 학살을 감행하기 전에는 애절한 사랑을 주제로 한 것도 많습니다. 그녀의 시에서 "신랑. Bräutigam"으로 등장하는 인물이 있으나 그가 누구인지, 무엇을 하는 사람인지 아무도 모르며 그녀는 누구에게도 그 대상을 말하지 않았다고 합니다. 그러나 구체적으로 알려진 바는 없으나 일반적으로 그녀가 20대 초반에 어느 이혼남과 사랑에 빠진 일이 있었고 그 사실을 안 그녀의 부친이 적극 반대하였다고 전해지고 있습니다. 그러나 그녀의 부친이 사망한 후 그들의 사랑은 계속되었고 히틀러 집권 후 유대인 박해가 시작되어 그녀와 그는 게슈타포에 끌려가 심한 고초를 겪었으며 그 후 그녀는 석방되고 그는 결국 나치에 의해 살해되었다고 알려지고 있습니다.

2014년 3월 5일 이스라엘 신문에 100명의 가장 영향력 있는 유대인들이 발표되었습니다. 이 세상에는 전 세계 인구의 0.2%에 해당하는 천오백만여 명의 유대인들이 134개국에 살고 있으며 그들은 이스라엘에 600만 명, 미국에 580만 명 그밖에 캐나다, 헝가리, 우크라이나, 프랑스, 독일, 러시아, 아르헨티나 그리고 라틴 아메리카 등에 살고 있다고 했습니다. 이들 가운데 유대인들이 언론, 경제, 정치, 과학, 연예 분야에서 선두적인 역할을 담당하고 있다는 것은 놀라운 일이 아닐 수 없습니다.

특히 노벨상 수상자 중 21%(1901-1995의 통계), 현재 30%가 유대인이며 알베르트 아인슈타인을 위시하여 지그문트 프로이트(심리학자), 라이너 마리아 릴케, 프란츠 카프카, 앙리 베르그송(1927년 노벨 문학상 수상), 보리스 파스테르나크(닥터 지바고 작가) 등 이루 헤아릴 수 없는 인재들이 있습니다. 그리고 미국의 경우를 보면 400대 재벌 중 유대계 회사가 23%, 10억 달러 이상 자산가의 유대인이 24%, 거기다 금융계 10개 이상을 경영하고 있다고 했습니다. 그리고 신문, 잡지, 통신사 즉 AP, UPI, 뉴욕 타임즈, 워싱턴 포스트, 타임 등 49개의 신문사,

12개의 텔레비전 방송, 87개의 케이블 방송을 소유하고 있답니다. 그밖에 유대인들은 MGM, 20세기 폭스, 워너브라더스, 파라마운트, 유니버셀 등 영화 제작회사를 소유하고 있을 뿐만 아니라 최첨단 과학 분야를 비롯하여 IT를 석권하고 있으며 뒤퐁(Dupont), US스틸, 에스티로더(화장품 회사), 캘빈클라인(이류회사), 던킨도너츠(요식), 스타버그 등 소유하고 있습니다. 이렇게 미국의 100대 기업의 40%가 모두 유대인 소유이고 모든 분야에 골고루 차지하고 있답니다.

현존하는 유대인 유명인사 열 사람을 들면,
마크 주커버그 (29세) 미국: 페이스 북 설립자
베냐민 네탄야후 (64세) 이스라엘 총리
시몬 페레스 (90) 이스라엘 대통령
래리 페이지 (40), 세르게이 브린 (39) 미국: 구글 설립자
스티븐 스필버그 (66) 미국: 영화감독 및 제작자
마이클 블룸버그 (71) 미국: 뉴욕시장, 억만장자
헨리 키신저 (90) 미국: 전 미국 국무장관
엘리 위젤 (85) 미국: 작가
이삭 펄만 (67) 미국: 바이올린 연주자, 지휘자
스티브 발먼 (57) 미국: 마이크로소프트 최고경영자

유대인들은 돈과 인맥으로 미국 각계각층에 뻗어 있는 실정입니다.

여담으로 일설에 의하면 현 오바마 대통령을 만든 일등 공신으로서 유대인들의 역할을 빼놓을 수 없다고 합니다. 무려 유대인 80%가 오바마를 찍었다고 합니다.

유대인들은 1948년 5월 14일 고대 그들의 땅이었던 팔레스타인 땅을

점령하여 이스라엘국가를 건국하게 되었습니다. 오랜 소망을 이룩함에 있어 전 세계 유대인의 80%에 해당하는 주류로 꼽는 아슈케나지(유럽에서 박해 받던 유대인들)의 공이 컸다고 합니다.

비록 소수민족이지만 이 세상의 계란 노른자위(알토란) 같은 분야들을 점유하여 역동적으로 움직이고 있습니다. 전 세계 300대 부자들 가운데 유대인들이 35명으로 이들이 보유한 자산만해도 660조원(2014년 7월 기준)에 달한다고 합니다. 2천년을 나라 없이 떠돌아 살았던 유대민족은 결코 소멸되지 않고 '세계를 움직이는 힘'으로 부상(부활)했습니다.

유대인은 히브리어 Yehudim으로 또는 유태인猶太人으로 고대 근동의 이스라엘 족에서 기원한 민족으로 종교적, 문화적 집단인 것입니다. 제2차 세계대전 이전에는 전 세계의 유대인 인구가 1천800만 정도였으나 히틀러가 집권하여 독일의 홀로코스트로 600만여 명이 참살을 당하였습니다.

2000년을 떠돌이 삶을 살며 박해를 받은 이들이 어느 민족보다 뛰어난 것은 무엇일까요? 혹자는 우생학적으로 우수하다고 하나 IQ가 다른 민족보다 특별히 우수한 것도 아니랍니다. 여담으로 전 세계 180국 IQ 검사 결과에 따르면 유대인 평균 IQ는 94, 한국인은 106라고 합니다. 그러니 유대인의 그 여력에는 가정교육이 뒷받침한다고 볼 수 있습니다.

그렇습니다. "세 살 버릇이 여든까지 간다."는 우리나라 속담처럼 유대인들은 어려서부터 가정에서 철저한 경제교육과 인성교육을 가르친다고 합니다. 아이가 생후 8개월쯤 되면 동전을 주어 아침, 저녁 식사 전에 저금통에 넣게 하여 저축의 즐거움과 돈의 가치를 알도록 한답니다. 또한 장난감보다 주식 통장을 선물하고 주식의 운용도 전적으로 아이에게 맡겨 어릴 때부터 경제개념을 이해시켜 수익을 체크하고 경제에 눈을 뜨게 한답니다. 다섯 살쯤 되면 가벼운 집안일과 자기 스스로 할 수 있는 일을 가르치며 열 살쯤 되면 어른들의 소소한 일을 돕는 나이가 되어 간단한 집안일, 설거지, 청소, 세차 같은 일을 하여 이에 적절한 금전적 보상을 받게 하는 것이지요. 이렇게 하여 열두 살 될 때까지 매년 조금씩 돈을 올려 주며 자신의 일의 가치와 소비 관리를 하게끔 한답니다.

특히 처음 히브리어 알파벳을 가르칠 때 글자에 꿀을 발라 그 꿀을 빨아 먹으면서 글자를 익히도록 한답니다. 즉, 히브리어를 배우는 일은 그리 녹록하지 않기 때문에 아이들에게 학습과 함께 달콤한 기억으로 배움의 달콤함을 가르칩니다. 이런 교육의 전통을 통하여 배움은 달콤하고 긍정적이라는 것을 기억에 떠올리게 하는 것이지요.

그리고 유대인 아이들이 남자는 13세 여자는 12세가 되면 '바르 미츠바(Bar Mitzvah)'라는 책임감을 부여하는 성인成人식을 치릅니다. 유대인 부모들은 이 성인식을 매우 중요한 의식으로 간주하고 많은 친지와 하객을 초대하여 성대하게 축하연을 연답니다. 이에 참석한 하객들은 선물로 주로 성경책과 손목시계, 축의금을 선물하는데, 성경책은 종교적으로 신실한 인간이 되라는 의미이고, 시계는 시간의 소중함을 간직하라는 뜻이며, 축의금으로 보통 200불 정도를 하며 이 돈을 아이의 이름으로 예금이나 펀드에 투자하여 10년 후 아이가 사회에 진출할 쯤이면 이 돈은 2-3배 거뜬히 불어나 부모의 품을 떠나 독립할 때 경제적으로 홀로서기를 할 수 있는 종자돈이 마련되는 것이지요.

이처럼 유대인들은 어려서부터 철저한 경제교육을 통하여 돈을 어떻게 다루어야 하는가를 익히면서 또 한편으로 베푸는 방법을 가르칩니다. 유대인들은 "주머니를 비우지 않으면서 공허함을 채우라"고 가르칩니다. "무조건 아껴야 부자가 된다"는 말 대신 "인색하지 않은 검소함을 추구하라"고 하며 "10%는 자선으로 베풀라"고 한답니다. 이 10%의 자선은 돈의 부정적 에너지도 씻어 준다는 것이 유대인들의 돈에 대한 마인드입니다. 이러한 돈에 대한 개념과 돈을 다루는 법을 어려서부터 익혀온 유대인의 교육방법, 그것이야말로 바로 오늘날 유대인으르 하여금 전 세계 경제를 주무르는 민족으로 만든 비결이 아닐 까요. 유대인의 힘은 곧 '가정교육'에서 나온 것이며 어려서부터 자립정신과 토론을 즐기고 올바른 정체성을 중요시하는 삶의 방식이 오늘날의 유대인을 만들었다고 하여도 과언이 아닐 것입니다.

유대인은 '청빈清貧이 아니라 청부清富'를 추구하는 것입니다.

시련의 아픔이 클수록 지혜는 더욱 밝아지고 튼튼한 자아自我를 형성하는 것이 아닐 까요. 시련은 결코 고통으로 끝나는 것이 아닌 보다 값진 것의 촉매라고 하고 싶습니다. 유대인의 긍정적이고 좋은 유전자를 물려받은 넬리 작스는 비록 중고등학교 5년을 수학하였으나 인류 최고의 지성인으로 모든 사람들이 갈망하는 노벨 문학상을 수상한 작가가 되었습니다. 가냘픈 여인으로 악惡에 대한 분노와 박해 받는 유대민족의 한 맺힌 절규를 글로서 외쳤습니다. 그 메아리는 인류 역사에 큰 획을 긋고 정의를 위하여 영원히 살아 있을 것입니다. 넬리 작스는 1956년에 쓴 시로서 이렇게 외쳤습니다.

살아남은 우리,
죽음은 그들의 해골로 자신의 피리를 깎았고,
죽음은 그들의 힘줄(관현악기)로 활을 켰고—
우리의 육체는 그 망가진 음악에
아직도 탄식하고 있다.
살아남은 우리들,
아직도 우리들 목에는 올가미가 걸려 있다.
우리 앞의 푸른 대기 속에는—
아직도 종탑시계는 방울방울 떨어지는 우리의 피로 채워지고 있다.
살아남은 우리,
아직도 공포의 구더기들이 우리를 갉아 먹고 있다.
우리의 운명은 먼지 속에 파묻혔다.
살아남은 우리,
당신네들께 애원 하나니:
천천히 우리에게 당신들의 태양을 보여 주시구려.
이 별에서 저 별로 우리를 한 걸음씩 한 걸음씩 인도해 주시구려.
우리가 조용히 삶을 다시 배울 수 있게 해 주어요.
그러지 않으면 우물가의 물통에 물을 채우는
새의 노래가 되고 말 것이기에
제대로 봉합하지 못한 우리들의 고통이 터져 나올 것이다.
그리고 우리들은 거품처럼 사라질 것이므로.
우리들은 당신들께 애원하나니:
아직은 우리에게 무는 개를 보여 주지 말아주어요—
그러지 않으면, 그러지 않으면
우리는 부셔져 먼지가 되리니—
당신들 눈 앞에서 먼지로 부서질 것이리니.

무엇으로 당신들과 우리들을 짜 집을 수 있을까?
숨 쉬는 것도 잊어버린 우리들,
우리들의 육체가 살아남기 훨씬 이전에
일시적인 궤 속으로
우리들의 영혼은 이미 한밤중에서 도피하였어.
살아남은 우리들,
당신들의 손을 잡는다,
당신들의 눈을 알아본다.
그러나 우리를 일치단결 시켜줄 수 있는 것은 오직 이별뿐,
먼지 속의 이별이
당신들과 우리를 일치단결 시켜줄 뿐.
- 넬리 작스,「살아남은 자들의 합창」

Wir Geretteten,
Aus deren hohlem Gebein der Tod schon seine Flöten schnitt,
An deren Sehnen der Tod schon seinen Bogen strich -
Unsere Leiber klagen noch nach
Mit ihrer verstümmelten Musik.
Wir Geretteten,
Immer noch hängen die Schlingen für unsere Hälse gedreht
Vor uns in der blauen Luft -
Immer noch füllen sich die Stundenuhren mit unserem
tropfenden Blut.
Wir Geretteten,
Immer noch essen an uns die Würmer der Angst.
Unser Gestirn ist vergraben im Staub.

Wir Geretteten

Bitten euch:

Zeigt uns langsam eure Sonne.

Führt uns von Stern zu Stern im Schritt.

Laβt uns das Leben leise wieder lernen.

Es könnte sonst eines Vogels Lied,

Das Füllen des Eimers am Brunnen

Unseren schlecht versiegelten Schmerz aufbrechen lassen

Und uns wegschäumen－

Wir bitten euch:

Zeigt uns noch nicht einen beiβenden Hund-

Es könnte sein, es könnte sein

Daβ wir zu Staub zerfallen －

Vor euren Augen zerfallen im Staub.

Was hält denn unsere Webe zusammen?

Wir odemlos gewordene,

Deren Seele zu Ihm floh aus der Mitternacht

Lange bevor man unseren Leib rettete

In die Arche des Augenblickes.

Wir Geretteten,

Wir drücken eure Hand,

Wir erkennen euer Auge－

Aber zusammen hält uns nur noch der Abschied,

Der Abschied im Staub

Hält uns mit euch zusammen.

－Nelly Sachs, 「Chor der Geretteten」

라인 강에서 띄우는 문학 산책 18

사람마다 자신을 돌보는 마음이 다르나 행복은 자신이 좋아하는 일을 하는 것이며 그 일이 사람에게 유효적절하게 쓰이게 되고 꼭 필요한 존재가 되는 그것이 또한 행복인 것이지요.

넬리 작스는 어릴 때부터 전래민담에 심취하였으므로 1921년 처음 상재한『전래민담과 소설』에 자신이 좋아하는 음악과 자연을, 섹스피어의 백케트의 메아리라고 할 만큼 광야에 있는 마귀와 주검과 삶을 소재로 다루었습니다. 그러나 그 후 사반세기가 지난 후 살아남기 위하여 쓰고 불꽃처럼 썼다고 스스로 말한 것처럼 오직 살아남기 위하여 불꽃처럼 썼습니다. 2차 세계대전 후 오랜 침묵을 깨고 1946년 시집『죽음의 주택들 속에서, In den Wohnungen des Totes』을 베를린에서 상자 했습니다. 그때 발테르 베렌드쉔(Walter A. Berendschen)은 이 시집을 평하길 "탄식하며, 고발하며 그리고 거룩하게 하며(영광을 주며), Klagend, anklagend, verklärend)"라 했습니다. 너무나 절묘한 평이었습니다. 뿐만 아니라 베다 알레만(Beda Allemann)은 "『죽음의 주택들 속에서』의 바탕에는 신앙적인 것으로 전형적인 카바라를 술회하였고 특별히 조하르(Zohar)의 책으로서 모세의 5경經(구약 성서의 5권, Pentateuch)의 주해"라고 했습니다.

그 당시만 하더라도 독일문단에서는 넬리 작스의 존재를 아직 누구도 관심을 두지 않았습니다. 이어 1947년 번역서『파도에서 그리고 화강암, Vom Welle und Granit』을 베를린에서 상재했는데 이 번역서에는 20세기 스웨덴 시를 통한 시대상의 축도를 담고 있답니다. 1949년 암스담에서 시집『별들이 어두운 집, Sternverdunkelung』을 상재하고 넬리 작스의 대표작이며 이스라엘의 고통에 대한 신비희곡『엘리, Eli. Ein Mysterienspiel vom Leiden Israels』을 1951년 처음으로 개인 인쇄소 마르묘(Malmä)에서 출판을 한 다음 스펙타크룸(Spectaculum)에서 재출판하였으며 1962년 독일의 저명한 출판사 쥬어캄프(Suhrkamp)에서도 상재하였습니다.

1953년 넬리 작스는 드디어 스웨덴 시민권을 받았습니다. 1957년 스웨덴 현대시를 번역하여『하지만 이 태양도 고향이 없다, Aber auch diese Sonne ist heimatlos』라는 제목으로 독일 다름슈타트에서 상재하고 그해 스웨덴 시인협회에서 수여하는 문학상을 받았습니다.

시집『그리고 누구도 더 이상 알지 못했다, Und niemand weiss weiter』를 1957년에 함부르크에서 상재하고 1959년『도주와 변화, Flucht und Verwandlung』를 슈투드가르드에 있는 출판사에서 상재했으며 또한 요한네스 에드펠드(Johannes Edfeld)의 시집『음지의 어부, Der Schattenfischer』를 스웨덴어로 번역하여 다름슈타트에서 상재했습니다. 이렇듯 그녀의 시집 4권과 번역서들이 독일에서 상재되었으나 아무도 그 저자가 누구인지 어디 사는 누구인지를 몰랐던 것입니다. 그러나 차츰 그녀의 존재와 그녀의 작품이 인정받게 되어 1959년 독일 방송국 슈드웨스트풍크(Sudwestfunk)에서 그녀의 신비희극 『엘리』를 방영했습니다.

그리고 그해 1959년 넬리 작스는 독일상업 연방협회(Bundesverband der Deutscheen Industrien) 문화권에서 수여하는 명예표창을 받게 되었으나 그녀는 나치시대에 당한 고통에서 벗어나지 못하여 독일 땅을 밟는 것이 두려워 시상식에 참석하지 않았습니다. 하지만 1960년 망명 후 20년 만에 '드로스태 상, Droste-Preis'을 수상하기 위하여 독일에 왔습니다. 그러나 수상한 후 스웨덴으로 돌아가 그 후유증으로 스톡홀름 가까이 있는 정신병원에서 3년이나 치료를 받았다고 합니다. 그녀에게는 독일이 공포의 대상이었습니다.

독일의 유명한 출판사 쥬어캄프에서 1961년 『티끌 없는 곳으로 가다, Fahrt ins Staublose』로 그동안 넬리 작스가 쓴 시詩 모음으로 상재했으며 물론 거기에 그녀의 대표작 『엘리』도 함께하고 있습니다. 그리고 그녀의 작품들이 인정되어 그해 도르트문트 시에서 수여하는 문학상을 받았으며 또한 도르트문트 시에서 '넬리 작스상'이 제정되었습니다. 1962년 군나트 에케뢰프(Gunnat Ekelöf)의 시를 독일어와 스웨덴어로 묶은 번역서를, 그리고 무대에 적합한 문학으로 그녀의 드라마 『모래 속의 신호(기호, 표시)』라는 제목으로 드라마 14편을 실었는데 거기에 『엘리』도 포함 된 것을 쥬어캄프에서 상재했습니다. 이어 에리크 린데그렌(Erik Lindegren) 시집을 노이비드(Neuwied) 출판사에서 1963년에 번역서로 세상에 나왔습니다.

1964년 넬리 작품 가운데 대표적인 시집 『이스라엘의 고통, Das

Leiden Israels』과 또한 그녀의 후기 시들을 묶어 쥬어캄프 출판사에서 1965년에 상재되었습니다. 하여 그녀의 시와 드라마는 독일 문학계에 널리 알려지게 되었고 그녀는 자신이 숨을 쉴 수 있고 글을 쓸 수 있는 것은 오로지 '희극(Mimus)'과 '음악(Musik)'이라고 하였습니다.

그리고 1965년 그녀의 75세 생일날 여성으로 처음 독일 출판업에서 수여하는 평화상을 받았습니다. 이 상을 받으면서 그녀는 시의 주제에 포함 되어 있는 화합과 용서의 정신으로 "지난날의 모든 공포에도 불구하고 나는 당신들을 믿는다."라고 수상 소감을 말했습니다.

넬리 작스는 독일에서 여성으로 처음 노벨 문학상을 1966년에 수상하였습니다. 그때 노벨 문학상 수상 소감을 독일어 시詩로 발표 했습니다.

나는 세상의 변화를
고향 대신으로 붙잡는다.
An Stelle von Heimat
halte ich die Verwandlung der Welt.

또한 그녀는 노벨상을 수상한 그해에 시집『죽음의 꿈 (Totesträume)』을 스웨덴어로 스웨덴 노이비트 출판사에서 상재했는가 하면 드라마 『아브람, Abram』(1944-1956에 걸쳐 쓴 작품, 부제는 희극과 음악을 위한 말의 놀이)을 불꽃처럼 써서 상재했습니다. 특히 그녀의 시에서 자주 "우리들의 말", "우리들의 숨 쉼", "우리들의 갈망" 등으로 형성된 시어詩語는 '우리들의 세상 만들기'를 꿈꾼 것을 표현하였습니다. 30년 넘게 이 한 모티브에 종사한 그녀의 문학 세계는 우리 우주의 한 자리를 차지하고 모든 악과 부정에 도전하는 정의로운 인간의 참 모습을 제시한 것입니다.

흔히 사람들은 하나를 가지면 둘을 가지고 싶은 마음, 그 욕심으로 인하여 이 지구는 전쟁으로 또는 아귀餓鬼 다툼으로 하루도 편한 날 없이 곳곳에서 고통의 삶을, 역사를 만들어 가는 마당에 넬리 작스는 노벨 문학상 수상금을 받아 반액은 자신을 스웨덴으로 망명할 수 있도록 도움을 준 절친 구드룬 할란(Gudrun Harlan)에게 주고 나머지 반은 빈곤한 사람들을 위한 자선단체에 희사했습니다. 그녀는 비록 단칸방에 살지라도 수상금을 기꺼이 선행으로 사용하였으며 부와 명예를 최대로 누릴 수 있음에도 조용히 노후를 은둔생활로 보내었습니다. 또한 늘 갈망하던 이스라엘 여행을 1967년 하려고 했으나 건강상 허락할 수 없다는 주치의의 만류로 그마저 하지 못하고 평생을 따라다니는 정신적인 고통(나치 때에 받은 상처)을 함께하고 정신병원을 이웃집 드나들 듯 하였습니다,

니체(F. W. Nietzsche, 1757-1828)의 명언 "나를 파괴시키지 못하는 것은 나를 강하게 만들 뿐이다."라 한 것처럼 그녀는 역경을 딛고 어느 고승 못지않은 숭고한 삶으로 인간의 정신 승리자로서 칩거蟄居하고 평생을 홀로 살았습니다. 바로 무소유자로 적수단신赤手單身으로 말입니다. 공수래공수거空手來空手去였습니다.

넬리 작스의 본명은 레오니에 작스(Leonie Sachs)였으며 그녀는 독일 시민권으로 스웨덴 영구 거주권을 소유하고 78세로 1970년 5월 12일 암으로 병원에서 소천 하였습니다. 그녀는 북 스톡홀름 유대인 공동묘지에 잠들고 있습니다. 여담으로 금년(2016) 4월 넬리 작스의 탄생 125주년을 맞아 독일에서 20유로 은화를 제작했습니다.

뿐만 아니라 세계적으로 유명한 우리나라 작곡가 윤이상(Isang Yun, 1917-1995)이 넬리 작스의 시 3수로 작곡했습니다.

1981년에 「주님은 나의 목자, Der Herr ist mein Hirte」이며, 또한 「오, 빛이여, O, Licht」로 낼리 작스와 불교를 다룬 것이며 그리고 1987년에 관현악과 바리톤 독창을 위한 『교향곡 제5번』입니다.

넬리 작스의 묘

넬리 작스의 시 한 수를 읊으며 마무리합니다. 이 시는 일명 「죽은 신랑들을 위한 기도, Gebet für den toten Bräutigam」입니다.

> 내가 당신을 위하여 불을 켠 초가
> 불의 언어로 흔들거리며 말합니다.
> 그리고 눈에서는 물방울이 떨어집니다; 무덤에서는
> 당신의 분진이 영원한 삶을 분명하게 알려줍니다.

오 가난한 방, 위대한 만남의 장소
내가 진작에 알았었다면 모든 요소들이 무엇을 뜻하는지;
모든 요소들이 당신을 뜻하고 있습니다.
모든 것들이 언제나 당신을 뜻하고 있습니다.
나는 우는 것 외에 아무 것도 할 수 없습니다.
- 넬리 작스, 「초」

Die Kerze, die ich für dich entzündet habe,
Spricht mit der Luft der Flammensprache Beben,
Und Wasser tropft vom Auge; aus dem Grabe
Dein Staub vernehmlich ruft zum ewigen Leben.

O hoher Treffpunkt in der Armut Zimmer.
Wenn ich nur wüßte, was die Elemente meinen;
Sie deuten dich, denn alles deutet immer
Auf dich; ich kann nichts tun als weinen.
- Nelly Sachs, 「Die Kerze」

2부

독일 속의 한국문학

독일에 있어서의 한국문학

1. 머리말

독일은 두 차례에 걸친 세계대전에 패망한 나라이면서도 오늘날 국제적 경제 위기에도 세계경제의 중심국가로 우뚝 서 정치 강국으로 부상하고 있다. 도한 서독은 1990년 10월 3일 천문학적 숫자의 거금을 지불하여 분단된 동·서독일 통일을 성공적으로 완수하여 유럽의 중심 국가가 되었다.

독일과 우리나라는 1883년 11월 25일 한독 수교 통상조약을 체결하고 우호관계를 이어온 지 금년이 바로 132년이 된다. 우리나라가 그동안 식민지 지배를 거쳐 1·2차 세계대전, 남북분단, 6·25 한국전쟁 그리고 독일 통일 등 20세기 세계사의 한가운데를 지나 발전을 계속하고 있다. 특히 양국 간의 우호에 있어서 언급되어야 할 바는 박정희 대통령 시절에 경제개발 자금을 마련하기 위하여 서독에 지원금을 요청한 바 서독은 1 · 2차 세계대전의 패망으로 많은 인명 피해를 입어 경제개발을 위하여 인력이 필요로 했던 일이다. 당시 광부(1963-1977년, 7,935명)와 간호사(1964-1976년, 1만2천여 명)를 요청하였다. 이렇게 하여 파독派獨 광부와 간호사는 베트남 파병과 중동 근로자에 앞서 대규모 최초 인력의 해외 파견으로 우리나라 근대화에 크게 이바지 하였다. 하여 우리나라는 지독한 가난을 차츰 벗어나 경제적 위치가 세계 11번째라는 천지개벽할 만큼 놀라운 발전을 하게 되었다. 나아가 우리의 유구한 역사와 문화가 저력이 되어 이루어진 오늘날의 이른바 한류가 있으며 1892년에 시작된 근대한국문학은 단기간에 크게 발전 하여 현재 세계 36개 언어권으로 진출하였다.

일찍이 우리에게 희망을 심어준 인도의 시성詩聖이며 예언자요 노벨 문학상 수상자 타고르(G.R. Tagore, 1861-1941)의 명시가 절로 떠오르게 하는 현상이다:

> 일찍이 아세아의 황금시대에
> 빛나던 등촉의 하나인 조선
> 그 등불 한 번 켜지는 날에
> 너는 동방의 밝은 빛이 되리라
> – 타고르, 「동방의 등불」 전문, 1929. 3. 28

2. 독일에 있어서 한국문학의 자취

독일에서의 한국문학은 1893년 아모우스(H.G.Aoous)의 저서『한국 전래 동화 및 고전소설선, Korea-Märchen und Legenden)』이 소개된 이래 120년이 지난 2013년 12말까지 총 291종의 한국문학작품이 독일어로 번역되었다. 처음 먼 동방의 옛날이야기 차원에서 시작되었으나 우리나라믄학이 사상 처음 소개된 작가미상으로 1892년 프랑스에서 나온『춘향전』과 미국에서 나온『한국 이야기들』 다음으로 세 번째로 서양에 소개되는 역사적인 의미를 갖는다. 그러나 한국문학의 소개는 광복 전까지 그 명맥만 겨우 유지할 정도로 미확인 도서 1종과 1910년대 1종, 20년대 2종, 그리고 30년대 2종으로 아모우스의 책을 합하면 도합 7종에 불과하며 그 질에 있어서 한국문학이라기보다 한국에 관한 소개라 할 만큼 동화와 민담에 치중하고 있다.

특히 1950년 이전에 번역된 7종 가운데 3종이 독일에서 발간된 것으로 보아 한국에 대한 관심이 곁들인 중요 동기였음을 시사한다. 그 작품들 가운데 37년에 영어판을 중역하여 출판된 강용흘의『초당』은 비록 영어가 원문이나 한국작가의 작품이라는 점에서 한국문학 최초의 독일어 번역물이었다.

그리고 유대인처럼 일본의 잔혹한 박해를 피하여 그 옛날 1920년 독일에 유학(망명)을 간 이미륵(1899-1950)은 1946년 자전적 소설『압록강은 흐른다, Der yalu fliesst』를 독일에서 독일어로 상재하여 독일 전후 문단에 한때 최우수 독일어 문학으로 선정되어 인기를 얻었다.

50년대에 이르러 거의 매년 꾸준히 독일어로 상재되어 11종에 이르렀으나 대부분 전래동화나 민담에 치우쳤으며 신채호의 『용과 용의 대격전』과 『한국고전 시가집』만이 진정한 한국문학 작품의 독일어 번역물인 것이다. 특히 독일과 미국에서 공부하고 47년간 한국문학 소개에 전념한 이학수(Peter H. Lee, 1929-)가 59년에 『한국고전 시가집』과 『Kranich am Meer, 바닷가의 두루미』를 상재하여 한국고전 시가집은 현재까지도 2종에 불과한 고전 시선집 중 하나로 한국고전문학 소개의 귀중한 자료가 되고 있는 실정이다.

한편 60년대에는 6 · 25전쟁과 그 후유증으로 겨우 2종이 나왔으며 70년대에는 10종의 번역물이 출간되었으며 처음으로 고전과 현대 작품의 균형 있는 작품으로 민담이 4종, 고전시가 1종, 고전수필 1종, 현대시가 2종, 현대 희곡 1종이 출판되었다. 여기에서 혹자는 갑오개혁(1894년)을 기점으로 고전과 현대를 구분하였다.

우리나라는 일본 작가 가와바타 야스나리(1899-1972)가 1968년 노벨상을 수상하자 이에 자극을 받아 우리 정부가 한국문학 세계진출에 관심을 갖게 되어 1973년 한국문학진흥재단이 발족되었고 그 뒤 문예진흥원(1973-2000)이 되어 노벨 문학상을 겨냥하여 현대작가의 작품을 집중적으로 지원하게 되었다. 특기할 것은 현대문학에 치중하는 것이 압도적인 것은 노벨 문학상을 겨냥한 것이 원인이므로 '노벨 문학상은 생존 작가에게 주어진다'는 것에 기인한 것이다. 물론 이 제도는 독일어권에만 해당된 것이 아니라 한국문학 해외소개에 있어 전반적인 경향이다.

한편 한국문단에서도 '한국문학 세계화'를 위하여 1970년대에 서울 화양동 모윤숙 선생의 자택에서 박종화(소설가), 서항석(극작가),

전광용(소설가), 전숙희(수필가), 성기조(시인) 등이 모여 한국문학의 세계화를 위하여 정부에서 재단법인 허가를 받아 시작한 것이 문예진흥원의 모태라고 한다.

이리하여 80년대에 이르러 본격적인 한국문학 해외 소개가 이루어지게 되어 모두 39종이 출판되었으며 84년 그 한 해에 무려 10종이 출판되었다. 80년대의 독일어 번역 출판 특징은 정기간행물이 무려 17종으로 압도적이고 구비문학 5종, 장편소설 1종, 현대소설집 3종, 현대장르 혼합이 4종으로 사화집의 형태가 이루어졌다.

특히 본(Bonn)대학교의 한국문학연구소(Institut für koreanische Kultur)의 구기성 교수의 주도하에 한국문학을 소개하는 잡지『한, Korea, Kultur Magazin』이 14회나 출판되어 한국문학 소개의 대들보 역할을 하였으며 구기성 교수를 위시하여 한스 차보로브스키(Hans J. Zaborowski)와 알브레히트 후베(Albrecht Huwe)의 한국문학 소개의 역할이 컸다.

한국번역문학 문맥이 90년대는 크게 발전하였다. 모두 44종이 출판되었으며 그 가운데 독일의 문예잡지『호렌, Die Horen』에서는 책 한 권 전부가 특집 '한국문학'으로 발간되었다. 그 문예잡지에는 한국의 저명한 27명의 작가와 평론가들의 작품들이 15명의 한국인 번역가와 8명의 독일인 번역가들의 공역으로 이루어져 소개되었다. 이 잡지는 정기구독자를 1,000여 명 확보하고 있어 한국문학을 알리는데 더없이 좋은 창구 역할을 하였다.

더욱 1993년 대산문화재단이 그리고 1996년에 한국문학번역금고가 설립됨에 여기에다 기존의 문예진흥원이 가세하여 세계화를 위한 번역사업이 활발하게 이루어졌다. 문예진흥원의 지원을 통해 15종, 대산문화재단에서 8종, 한국문학번역금고에서 3종이 독일어로 출판됨에

60%가 정부기관 또는 민간기관의 지원에 의하여 출판되었다. 더욱 특기할 것은 현대문학 작품으로 소설은 이청준의 작품(장편, 중 · 단편 선집)이 18편으로 1위를 차지하였다. 소설 18편 가운데 장편소설 『축제』와 중 · 단편선집 『비화빌교』의 2종은 필자가 번역한 것이며 나머지 16편은 모두 단편선집이었다.

2000년에는 획기적인 성장을 하였다. 특히 한국번역문학 발전에 발판을 조성하였던 문예진흥원(1973-2000)과 번역금고(1996-2000)를 통합하여 2001년 3월에 한국문학번역원이 발족되었다.

독일은 구텐베르크(Gutenberg, 1398년경-1468)가 인쇄술을 발명하기 이전 12세기부터 필사본으로 도서가 거래되어 1462년부터 본격적으로 인쇄업자와 출판업자들이 책을 만들어 직접 소비자들에게 판매하였다. 그러다 1618년에 시작된 30년전쟁과 연속적으로 정치적 사회적 혼란으로 오랫동안 중단되었다가 1947년 9월 17일 다시 프랑크푸르트에서 국제도서전시회를 개최하게 되었다. 프랑크푸르트의 국제 도서전시회는 세계에서 가장 규모가 큰 최대와 최고를 자랑하는 도서전시회로 매년 10월 중순 수요일에서 일요일까지 5일간 개최한다. 우리나라는 무려 100여 국가가 참여(2013년 기준)하는 이 도서전시회에 공식적으로는 한 번도 참가하지 못하다가 1960년에 제정된 프랑크푸르트 주빈국 제도(1960년)에 2005년 10월 프랑크푸르트 국제도서전시에 우리나라가 주빈국이 되어 한국문학이 생긴 이래 처음으로 국제무대에서 잔치를 치르게 되었다. 참으로 신나는 일이었으며 자랑스러운 행사였다. 이때 한국문학만이 아니라 한국문화를 여러모로 전시하였다. 한국 측에서는 이 기회를 이용하여 100권의 번역서적으로 조성하여 소개하였다. 그 전시회를 위하여 본인은 『우리문화 유산을 찾아서 2』,

최성은의 『石佛석불: 돌에 새긴 정토의 꿈』을 번역하여 출품했다. 무려 331쪽을 8개월간 밤낮없이 번역하여 출품했다. 본인에게는 너무 힘들었으나 막상 지나고 보니 더없이 자랑스럽고 번역가로서 긍지를 갖게 했다. 하지만 그 전시회 자체가 우리나라는 사전 충분한 준비 없이 그야말로 번갯불에 콩 구워 먹는 식으로 이루어졌으므로 우리의 기대에 어긋났던 것이다. 그러나 1893년 한국문학이라기보다 우리나라 동화로 한국을 알리는 차원에서 시작되어 2013년까지 총 291종의 번역서가 독일에 우리나라문학을 알리게 되었다. 참으로 놀라운 발전이며 정부의 적극적인 참여와 한국문학번역원의 애로의 성과라고 하겠다. 그러나 한국문학을 독일에 심었으니 앞으로 우리는 더욱 분발하고 노력하여 우리의 소망인 세계인들에게 각광을 받아 노벨상도 받는 세계화를 이루게 되길 바란다.

3. 한국과 독일의 문화적 차이

우리나라의 각 가정마다 장맛이 다르고 김치 맛이 다르듯 우리나라와 독일은 근본적으로 다른 문화권에 속하므로 그 의식 구조가 다르다. 우선 지리적으로 우리나라와 독일은 서로 지구의 반대편에 위치하고 우리나라는 독일보다 8시간 앞서가는 동쪽이어서 독일에서 취침에 임할 때 우리나라에서는 기상을 한다. 무엇보다 독일은 구라파의 여러 나라와 공존해야만 하고 경쟁과 아리스토텔레스(B.C.384-322)의 『시학』에서 말한 모방을 통하여 문화를 조성하여 진취적인 여권에 있는 반면 우리나라는 거대한 중국의 그늘 아래 큰소리 한 번 외쳐보지 못한 어질고 착한 배달민족으로 늘 외세에 시달림과 유교사상을 밑바닥으로 한 조선 500년 동안 폐쇄적인 문호 개방의 영향으로 앞서 가는 세계의 흐름을 파악하지 못한 것이 차이점이라 하겠다.

그러나 이웃나라 일본은 사정이 조금 다르다. 현재까지 2번이나 노벨 문학상을 수상하여 세계화에 동참하고 있다. 일본은 우리나라보다 근 100년을 앞서갔다. 일본에서는 처음 서구의 탐미주의와 낭만주의 그리고 상징파의 시들이 여러 잡지에 소개되고 1902년에서 1905년 사이에는 시인이며 평론가, 경도제대의 교수였던 우에다 빈(上田敏, 1847-1916)에 의하여 서구의 57수의 시를 『해조음』에 발표하여 근대 문학의 발원이 되었다. 하여 일본에서는 이미 100년 전에 서구의 문학이 도입되었던 것이다.

반면 우리나라 서구의 번역시 도입은 안서 김억(1896-납북됨)과 주요한에 의해서 이루어졌다. 안서 김억은 그 시대에 오산학교를 거쳐 일본 慶應義塾경의의숙의 문과에 수학하면서 우에다 빈의 번역시 도입을 1918년 『태서신보』에 보들레르(1821-1867), 베를렌(1844-1896), 투르게네프(1818-1883)를 소개하여 문단에 등단하였다. 물론 과정을 거치면서 차츰 우리나라 현대문학은 그 위치를 찾아가고 있었다고 할 것이다.

한편 독일에서는 현재 10명이 노벨 문학상을 수상하였으며 우리는 세계적으로 유명하고 친숙한 『젊은 베르테르의 슬픔』의 문호 괴테(1749-1832)에 다산 정약용(1766-1836)을 맞세워 볼 수 있을지 모른다. 그들은 같은 시대에 동양과 서양에서 살았다. 괴테는 불과 26살 때 그 당시 인구 6,000여명의 별 볼일 없는 바이마르 군주국의 초대를 받아 가게 되어 그곳에서 서거할 때까지 자그마치 57년을 머물면서 절후의 명작들을 쓰고 바이마르를 세계문화도시로 만들었다. 물론 여기에는 바이마르 공작부인 안나 아말리아(1739-1807)의 지대한 물심 양면의 후원이 있었기에 이루어진 것이다. 반대로 다산 정약용은 앞서 가는 서양 지식을 얻기 위하여 서학에 접근하였다가 18년이란 긴 유배 생활을 해야만 했다. 어디 그뿐인가. 그 당시 우리나라의 석학이요 문인이었던 연암 박지원(1735-1805)과 박제가(1750-1805) 또한 괴테와 같은 시대에 살았으나 그들은 서양의 문물과 학문을 도입하여 배타적인 그 당시의 사회 질서를 개혁하려다 희생된 불우한 사상가들이다. 이러한 역사적인 배경을 거치면서 우리문화는 세계로 향하여 힘들게 발전하고 있음은 사실이다. 이 일은 조급하게 서둘러서 될 일이 아니며 기량을 쌓고 다듬어야할 것이다. 남들이 장에 간다고 해서 거름 지고 가서는 안 된다. 괴테는『파우스트』(초고 1775년, 완성 1832년)를 57년에 걸쳐 썼다.

뭐니 뭐니 해도 원작이 우수해야 하고 설령 명 번역을 하여 99%로 옮겼다고 하더라도 1%의 잠재적 반란을 무시할 수 없는 것이 번역이다. 그리고 문학작품이란 음악이나 미술과 달라 번역을 통해서만이 외국에 보급되어 읽힐 수 있는 것이다. 그러므로 첫째로 독일독자의 취향과 입맛에 맞는 각도에서 작품을 선택하여 번역 출판하는 것이 좋을 것이다. 이에 우리 고유성을 가미하여 세계인의 마음을 사로잡는 이를테면 괴테의『파우스트』나『젊은 베르테르의 슬픔』, 또는 헤르만 헤세(1877-1962)의『지와 사랑』,『싯다르타』,『유리알 유희』같은 인간 삶의 모든 어리석음과 사랑과 욕망과 갈망이 내재한 작품이어야 할 것이다.

4. 맺는말

독일어는 유럽 내에서만 8,800만여 명이 사용하는 언어로 유럽에서 가장 많은 사람들이 사용한다. 그리고 독일에서 출판되는 소설 작품 가운데 번역물이 40%을 차지하고 있을 만큼 번역문학의 비중이 높은 도서시장을 형성하고 있다. 따라서 한국문학이 수용될 수 있는 방대한 도서시장이다. 우리나라가 독일문학으로 지적 수준을 높이고 우리의 삶이 독일문학을 통하여 풍요롭게 되었다면 글로벌 시대에 살아가는 우리는 우리문학을 보다 더 많이 독일에 보급해야만 할 것이다. 오늘날 독일 매장을 휩쓴 우리 전자제품과 자동차 그리고 싸이의 「강남 스타일」의 놀라운 한류의 붐을 타고 우리나라 문학도 머지않아 세계화를 이루리라 믿는다.

괴테는 "뛰어난 문학은 단지 그 나라만의 재산에 속하지 않는 세계적인 재보이다."라고 했다.

— 제1회 세계한글작가대회 주제발표문. 2015년

한국문학, 세계로 가다

필자가 독일에 유학 갔을 1958년만 하더라도 독일은 2차 세계대전의 상흔(傷痕)을 곳곳에서 볼 수 있었고 한 방울 물도 아끼던 절약 시절이었다.

더욱 우리가 흔히 말하는 서양사람(백인종)을 통틀어 간주하듯 독일 사람들은 한국, 일본, 중국 사람들을 동양 사람으로 획일적으로 취급했다. 그러니 50년대는 물론 60, 70년대에는 한국이 아프리카에 있는지 어디에 있는지 조차 몰랐고 혹 알고 있는 사람은 베트남처럼 전쟁으로 굶주리고 헐벗은 가난하고 불쌍한 나라로 생각했다.

우리 정부에서는 박정희 군사정부가 들어서고 경제개발을 위해 선진국에 특히 독일에 경제차관을 요청했고 또한 우리나라 교회단체(카톨릭 · 개신교)에서도 그 시절 도움의 손길을 뻗쳤다. 그런 과정을 겪고 반세기가 지난 오늘날에는 천지가 개벽할 만큼 사정이 변하여 한류의 물결이 밀어닥쳐 한국제품 특히 전자제품을 위시하여 자동차 IT제품들과 싸이의「강남스타일」을 손쉽게 접하고 있으나 우리나라가 어떤 나라이고 어떤 문화와 언어를 보유하고 있는지를 모르는 실정이다.

돌이켜 보면 우리나라는 당파싸움 소용돌이의 와중에 1883년 11월 25일 이루어진 한독수교통상조약을 체결한 후 10년이 지나 1893년 아모우스(H.G.Amous)의『한국 전래 동화 및 고전소설, Korea-Märchen and Legenden』이 처음으로 독일어로 번역되어 한국문학이 소개되었다.

유럽 내에서만 8,800여만 명이 사용하는 독일어권이었으나 우리나라 문학은 아직 잠들고 있는 실정이었다.

1883년 한독수교통상조약 무렵 안중근 의사의 진사 가정에는 일찍이 독일 신부들이 내왕했던 기록이 남아 그의 사촌 안봉구가 그 당시 독일을 내방했던 것과 노베르드 베버(Norbert Weber)신부가 쓴『고요한 아침의 나라 조선에서, Im Lande der Morgenstille』(1915년 발행)는 그 당시 한국 실정을 서술하였으며 문학작품이라기보다 기행문에 가까운 것이라 하겠다.

하여 광복 전까지 작자미상 1종 1910년대 1종, 20년대 2종, 30년대 2종으로 도합 7종에 불과한 한국문학이 독일어로 상재되었으나 우리나라 출판사에서 출간 된 것이 아니라 독일에서 출간 되었다. 이 작품들은 문학작품이라기보다 한국을 알리는 소재로 또 동화와 민담으로 이루어졌다.

한편 1920년 초반부터 일본에 유학을 가서 다시 독일에 유학 간 사람과 한국에서 독일에 유학 간 사람들은 문학이 아닌 주로 의학이나 기술을 전공하는 사람들이었다. 그러나 이들 가운데 한사람 이미륵(1899-1950)이 있었다.

이미륵은 1919년 경성의학전문학교에 다니다 3 · 1운동에 가담하여 일본경찰의 수배를 피해 상해를 거쳐 독일로 망명하여 뮌헨대학에서 동물학, 철학, 생물학을 전공 하여 1928년 이학박사학위를 받았다. 그는 1922년 독일에 유학 온 이국로 · 김준영 등과 함께 유럽 최초의 한인단체 '유덕고려학우회遺德高麗學友會'를 조직하여 제국주의 일본의 실체와 만행을 세계 만방에 알리는 일을 주도적으로 했다. 그는 독립 운동을 하면서 문학작품활동을 시작하고 자전소설 『압록강은 흐른다, Der Yalu fliesst』를 1946년 독일어로 상재했다. 유려한 문장 표현의 한 본보기로 독일 교과서에 실렸으며 1946년, 그해 최고의 독일어로 쓴 문학작품으로 선정되는 영예를 안았다. 그는 1949년 뮌헨대학 동양학부에서 중국학을 가르치다 1950년 3월 51세로 암으로 소천했다.

50년대에도 한국의 전래동화와 민담이 꾸준히 번역되어 도합 11종에 달했고 특히 독일과 미국에서 47년간 한국학 발전에 기여한 이학수(Peter H · Lee, 1929-)가 59년에 『한국고전 시가집』과 『Kranich am Meer 바다가의 두루미』를 상재하여 『한국고전시가집』으로 우리나라 전통문학의 발판을 만들었다.

한편 1955년 뮌헨으로 유학 온 전혜린(1933-1965)은 뮌헨루드비히 막시밀리안 대학교에서 수학하며 그 당시 독일문학의 베스트셀러였던 이미륵 『압록강은 흐른다』를 한국어로 번역하여 한국문단에 이미륵의 존재를 알리는 동시에 '헤르만 헤세', '하인리히 뵐', '에리히 케스트네', '루이제 린저' 등의 독일 작품을 번역하여 독일문학을 한국에 알리면서 번역 문학가로 주목을 받았다. 그녀는 1962년 귀국하여 성균관 대학교에서 조교수로 봉직하다 1965년 자살로 생을 마감했다.

하여 이미륵, 이학수, 전혜린은 우리나라 문학을 독일에 알리거나 독일문학을 한국에 알리는 한독문학 관계 초창기 시기의 문화사절이다.

한편 60년대에는 6·25의 후유증으로 2종이 출간되었다. 독일에서 유학한 사람들은 독일정부 시책에 따라 공부를 끝내면 모국에 돌아가 독일에서 받은 혜택을 조국에 베풀어야 했으므로 취업허가를 받을 수가 없어 한국으로 거의 모두 귀국하였다(독일대학에서는 거의 등록금이 없다). 70년대에는 독일어 번역문이 현대작품과 고전으로 균형 있게 10종 나왔다.

한편 1963년 12월 초창기 광부 1·2차진들이 소규모 교회주보 『금주의 말씀』으로 한글에 목마른 교포들에게 좋은 글감이 되었고 이를 계기로 NRW 기독교한인교회연합회의 첫 간행물과, 가톨릭교회 『등불』이 1966년 6월 발간되었으며, 1973년 7월 33호까지 베를린 기독교한인교회회보 『갈릴리』, 1973년 12월 함부르크 교우지 『교우』와 『목회통신』, 1975년 두이스부르그 한인교회 『흐름』 등이 발간되었다. 이렇듯 독일 곳곳에서 우리말로 된 회지가 교회를 통하여 출간되었다.

마침내 재독한인연합회 월간회보 창간호(1978년 1월 30일)가 발간되었다. 회장 여우종, 전 코리아타임지 기자 출신 남정호(주간 겸 편집장)가 주축이 되어 유럽에서 유일하게 발행된 첫 신문이었으나 7개월 간 끌어오다가 재정사정으로 종간되었다.

또한 아헨한국광부교회에서 『불기둥』을 창간하였다. 이 회지는 손으로 일일이 썼으며 A4 50페이지분량의 원고를 그들의 일터인 광산 인쇄소에서 약 400부를 복사하여 각 지역으로 배본한 결과 그 반응이 폭발적이었고 여러 곳에서 지원자가 많이 나왔다. 이 『불기둥』은 1979년 3월 17일자 당시 여러 곳에서 광고비를 받아 출판 경비에 충당했던 독일에서의 그 첫 사례가 된다. 또한 아헨(Aachen)한인회지

『아람』은 1979년 8월에 처음으로 한글타자기로 발행한 것으로 이 회지는 가장 오래된 본격적인 한인회지 중 하나이다. 그리고 아헨 한글학교 개교 25주년 기념호『한마음』은 이 학교의 깊은 전통과 한글사랑을 잘 대변한다. 1980년 재독한국병원선교회의『회원 소식』과 『참 이웃』이 있으며 재독한인연합회가 발행해 오던『연합회회보』가 재정사정으로 폐간되고 이 회보의 주간 겸 편집장이던 남정호가『구주신문』을 발간하게 되어 독일에서 첫 번째의 본격적인 한글판 월간 신문으로 기록된다. 그러나 이 신문은 독일에서 취재한 기사를 정치성을 아예 배제하고 일반사회에 걸친 문화 기사로 엮어 한국으로 보내어 한국에서 편집, 조판, 인쇄까지 해서 다시 독일에 오는 등 신문이 정착하기 어려운 여건으로 정기적 간행물로 여의치 못했다.

또한 유신정부에 반기를 든 정치적 성향이 짙은 전 학생운동권 출신 어수갑이 주축이 되어 서베를린에서 월간 한국 신문『민주 조국』이 1987년 전후하여 수작업으로 짜집기하여 발간되었다.

뿐만 아니라 독일 중부지방 오펜박흐에서도 한국정치 현실을 신랄하게 비판하는 월간『우리나라』가 발행되었다. 이 신문은 미국과 캐나다에서 발행된『해외한미보』와 더불어 당시 병든 정치인과 언론에 제동 역할을 하는 자유언론의 기수로서 양식 있는 이들로 대단한 호응을 받았으나 유감스럽게도 1985년 9월 '해외유학생 간첩단 사건'으로 신문편집국장 안상근과 이진숙(대구대 조교수) 등 20여명에 체포 및 구금되어 이 신문은 1987년 폐간당하는 비운을 맞았다.

'펜은 총칼보다 세고 위대하다'라고 외치고 싶다. 모든 악조건과 고난을 겪으면서 줄기차게 독일교포들은 우리말 우리문화를 사랑하고 보급함에 크나큰 열정과 노력을 아끼지 않았다.

하여 유럽 최초의 한글 출판사 '이정 한글 출판사(이세희 사장)'를 만들어 1984년 8월 1일 『이정신문』을 창간하였다. "이정"이란 논어에 "사람 마음은 곧게 갖고 바르게 하면 그 사람에게 이로움이 있다"라는 뜻으로 그 당시 1만 5천여 명의 제독 한인교포의 지적 양식이 되게 하였으며 후일 『주간유럽신문』으로 제호를 개명하였다.

『유럽신문』에 이어 두 번째 신문으로 『교포신문』이 1955년 11월 17일 독일교포들의 삶을 기록하고자 발행인 및 편집인 박승규의 정열과 용기로 시작하였다. 그 당시 창업자금으로 박승규 20만 DM 그리고 두이스부르그에서 식당을 경영하던 故 이현복께서 식당을 정리하여 마련한 20만DM으로 창간 작업을 하였다. 현재까지 지속되어 도합 989호(2016년 8월 12일 현재)를 발간한 최장신문이다.

『교포신문』에 이어 2004년 3월 20일 창간한 『우리신문』은 재독동포신문으로써 교포 사회의 문화발전에 기여하였다. 발행인 유종헌, 편집인은 황성봉이며 2014년 1월부터 창간 10주년 기념사업으로 재독동포신문으로써 처음으로 홈페이지 http://www.uri-news.com/에서 동영상 뉴스를 제공하는 새로운 서비스를 시작하여 독자들로부터 큰 호응을 받고 있다.

드디어 순수 문학 모임인 '재독한국문인회'가 2004년 3월 재외동포문학상 역대수상자 7명(전성준, 황성봉, 김순실, 유한나, 진경자, 염혜숙, 김혜순)이 『재독한국문학』 창간호를 발간하여 매년 12월에 문예지를 상재하고 2014년 창립 10주년을 맞아 제8호를 발간하였다. 그러나 2010년과 2014년 두 차례에 걸친 회장선거 마찰로 현재 발간이 중단된 상태이다.

이렇듯 순탄치 못한 과정임에도 불구하고 독일교포들은 우리말 보급에 끊임없는 노력과 열정을 기울이는 실정이다.

한편 일본작가 가와바타 야스나리가 1968년 노벨 문학상을 수상하여 이에 자극을 받아 우리나라 정부와 한국문학계에서 노벨상을 겨냥하고 우리나라 문학 세계화를 위하여 한국문학진흥재단(1973년)이 발족하였고 후일 문예진흥원(1973-2000)과 번역금고(1996-2000)를 2001년 3월 통합하여 '한국문학번역원'이 발족하고 또한 1993년 발족한 대산문화재단이 가세하였다.

하여 세계 최고 최대를 자랑하는 프랑크푸르트 도서전에 공식적으로 한 번도 참가하지 못하다가 2005년 10월 우리나라가 주빈국이 되어 한국문학서 100권을 번역하여 선보였고 곁들여 우리 문화를 소개하는 계기가 되었다.

1893년 한국을 소개하는 민담으로 시작하여 한국 문학이 독일에 2015년까지 총 302종이 소개되는 획기적인 발전을 하였다.

여담으로 본인은 한국문학을 독일어로 12권 번역하였고 2003년 상재한 김종길 시집『달맞이꽃』이 전 서독 수상이었던 헬무트 스밋트님이 발행인이며 독일어권 지성인 독자들 사이에서 가장 애독되고 있는 주간신문『챠이트 Die Zeit』서평(2003년 11월 20일)에 "어쩌면 머지않아 한국인이 노벨 문학상을 받게 될지 모른다. 때가 된 것은 사실이다.'라는 호평을 받았다.

하여 독일교포들의 한글사랑의 열정과 노력이 결코 헛되지 않을 것이며 작은 한 물방울이 큰 바위를 뚫듯 머지않아 우리 '한글 문학'이 독일에 빛을 발휘하리라 본다.

— 제2회 세계한글작가대회 주제발표문. 2016년

* 독일 현존 작가들의 최근 작품들

지난해 3월 독일의 시사주간지 『슈피겔』에서 독자들을 상대로 현존 작가들에 대한 저명도를 여론조사기관에 의뢰하여 조사 발표한 바 있다. 응답자에게 20명의 작가들을 선정하게 하였는데 그 결과는 다음과 같다.

(슈피겔지 10/1996)

순위	저명도
1. 귄타 그라쓰(Guenter Grass, 남:1927생)	76(77/70)
2. 요한네스 씸멜(Johannes M. Simmel, 남:1924생)*	74(79/51)
3. 하인츠 콘잘릭(Heinz G. Konsalik, 남:1921생)*	70(76/46)
4. 엘케 하이덴라이히(Elke Heidenreich, 여:1943생)*	62(68/41)
5. 싀프리드 렌츠(Siegfried Lenz, 남:1926생)	49(54/28)
6. 크리스타 볼프(Christa Wolf, 여1929생)	42(34/73)
7. 도리스 되리에(Doris Doerrie, 여)*	38(41/26)

8. 우타 다넬라(Utta Danella, 여)*	33(38/14)
9. 페타 한케(Peter Handke, 남:1942)	31(34/19)
10. 발터 켐폽스키(Walter Kempowski, 남;1929)	31(33/20)
11. 마틴 발세어(Martin Walser, 남:1927)	27(29/16)
12. 페트릭 쉬스킨트(Patrick Sueskind, 남:1949)*	24(2/15)
13. 루이제 린저(Luise Rinser, 여:1911)	23(26/9)
14. 잉그리드 놀(Ingrid Noll, 여)*	18(1/21)
15. 보르토 슈트라우스(Bortho Strauss, 남:1922)	16(18/10)
16. 에바 헬러(Eva Heller, 여)*	15(17/7)
17. 페터 륌콮(Oeter Ruehmkopf, 남:1928)	14(14/10)
18. 엘프리드 옐리넥(Elfriede Jelinek, 여:1946)	14(16/6)
19. 스텐 나돌니(Sten Nadolny, 남:1942)	9(9/8)
20. 악셀 학케(Axel Hacke, 남)*	8(8/5)

괄호 안은 서독과 동독지역을 구분한 것이다. 그리고 *표의 작가는 일반적으르 대중작가로 구분되며 독일어권 이외의 지역에서는 별로 알려져 있지 않은 작가들이다. 그러나 요한네스 씸멜은 드라마작가로 외국에서도 비교적 많이 알려져 있으며 1987년에 발표한 소설「광대를 보고 울었다(Doch mit den Clowns kamen die Traenen)」는 문학작품으로 좋은 평가를 받은 바 있다.

크리스타 볼프, 페트릭 쉬스킨트, 잉그리드 놀 등이 특히 동독지역에서 저명도가 높은 것은 그들이 동독지방 출신으로서 일찍이 서독으로 탈출하여 과거 동독공산정부에 대한 비판활동을 하였기 때문이다.

귄타 그라쓰는 대표적인 독일 전후작가로서 우리나라에서도 이미

잘 알려진 작가이므로 별도의 소개가 필요 없을 것 같다. 그의 최근 작품으로는 「50년전, Vor 50 Jahre」(1995), 「아버지의 날, Der Vatertag」(1996) 등이 있다. 그는 1999년 노벨상을 수상하였다.

식프리트 렌츠는 특히 80년대 이후 많은 작품을 발표하고 있는데 「손실, Der Verlust」(1995), 「하나의 종전, Ein Kriegsende」(1984), 「연병장, Exerzierplatz」(1985) 등이 있으며 1994년에는 「사랑이 가득한 집, Haus aus lauter Liebe」 그리고 1996년에는 「루드밀라, Ludmilla」를 발표하였다.

크리스타 볼프는 1963년 「분단된 하늘, Der geteilte Himmel」, 1983년 「카싼드라, Kassandra」, 1989년 「무엇이 남느냐, Was Bleibt」 발표 이후 계속 베스트셀러 리스트에 오르는 작가이다. 특히 "전후시대는 끝났다"고 주장하여 크게 주목받은 바 있으며 1994년에는 「타보우로 가는 길에서, Auf dem Weg nach Tabou」를 발표하여 꾸준히 인기를 지키고 있다.

페타 한케는 81년 「마을들을 넘어서, Ueber die Doerfer」, 83년 「지구의 무게, Das Gewicht der Wel」t, 87년에는 동화 「결석, Die Abwesenheit」 등 수많은 작품이 있으며 한국에서도 그의 작품들은 번역되어 있다. 93년에는 「옳지 못한 죽음들, Die unvernuenftigen Sterben」, 96년에는 「도나우강에의 겨울여행, Eine winterliche Reise zu den Fluessen Donau」을 발표하였다.

발타 켐폽스키는 1992년 「포에폼메른, Vorpommern(독일 오델강 서부 지역 이름)」을 발표한 이후 큰 관심을 받고 있으며 95년에는 「세계의 아픔, Weltschmerz」을 발표하였다.

마틴 발세어도 60년대 이후 수많은 작품을 발표하였으며 94년 「사랑 고백, Die Liebeserklrung」, 95년 「누가 자신을 아는가, Wer kennt sich schon」, 96년「기뻐할 이유, Der Grund zur Freude」와「자각과 아이러니, Selbstbewutsein und Ironie」를 발표하는 등 활발한 작품활동을 계속하고 있다.

페트릭 쉬스킨드는 85년에 발표한「향수, Das Parfuem」(살인자의 이야기라는 부제가 붙었음)가 베스트셀러가 되면서 일약 대작가가 되었고, 91년「솜마 씨의 이야기, Geschichte von Herrn Sommer」, 95년에는「세 이야기와 하나의 고찰, Drei Geschichte und eine Betrachtung」을 발표하였으며 앞으로 큰 주목을 받게 될 작가이다.

보르토 슈트라우스는 80년대「크고 작은 것, Gross und Klein」,「젊은 사나이, Der junge Mann」,「공원, Der Park」 등을 발표하여 사랑받는 작가로 자리를 굳히고 있다.

엘프리드 옐리넥은 79년에「노라가 남편을 떠난 이후 어떻게 되었느냐?」라는 드라마로서 각광을 받기 시작한 이후 80년대에 와서 적극적인 작품 활동을 하는 작가이다. 83년 발표한「여류피아니스트, Die Klavierspielerin」와 87년 작품「흥미, Lust」가 오랫동안 베스트셀러에 올랐으며 95년에는「죽은 자의 아이들, Die Kinder der Toten」을 발표하였다. 여사는 작품 속에서 환경문제에도 많은 관심을 할애하고 있다.

루이제 린저 여사는 이미 한국에도 널리 알려져 있는 원로작가이며 여전히 작품 활동을 하고 있으며, 96년에는 명상집「순간 속의 인생, Leben im augenblick」을 발표하였다.

스텐 나돌니의 83년 작품「천천히의 발견, Die Entdeckung der Langsamkeit」이 오랫동안 베스트셀러 리스트에 포함되었으며 94년 발표한「파렴치한 신, Ein Gott der Frechheit」도 독자들의 사랑을 받고 있다.

이들 20명의 명단에는 포함되어 있지 않았지만 오스트리아 태생 란스마이어(Ransmayr)의 95년 작품 「몰부스 키타하라, Morbus Kitahara」와 폴카 브라운(Volker Braun)의 96년 발표작 중편 「4명의 공업사 기사들, Die 4 Werkzeugmacher」이 좋은 평가를 받고 있다. 한편 30대 작가 스트릿맛타(Thomas Strittmatter)와 화란 태생인 토마스 베른하트(Htomas Bernhard)도 많은 관심과 기대를 받고 있는 작가임에 틀림없다.

시 qnanas에서는 엔젠스벨가(Enzensberger, 1929생), 폴카 브라운(1939생), 오스카 파스티올(Oskar Pastior, 1927생) 등이 끊임없이 주목을 받고 있다.

아울러 독일 현존 작가들의 외국에서의 평가를 간단히 살펴보고자 한다. 미국 클리브랜드대학과 프린스톤대학에서 독문과 교수로 재직하였던 루쓰 클뤼거(Ruth Klueger) 여사에 의하면 미국에서는 귄타 그라쓰의 작품은 비교적 많이 알려져 있으며 크리스타 볼프, 페터 한케, 토마스 베른하트의 작품 정도가 다소 관심을 받을 뿐 그 외 대부분 작가의 작품들이 번역 출판되긴 하지만 이들에 대한 미국 독자들의 관심은 매우 저조하다고 한다.

영국에서는 50년대 하인리히 뵐, 60년대 귄타 그라쓰, 70년대 크리스타 볼프에 이어 80년대에 와서 페트릭 쉬스킨트의 「향수」가 베스트셀러에 오를 수 있었으나 90년대에 와서는 옐리넥크의 「여류피아니스트」가 조금 관심을 받을 뿐이다.

불란서와 독일 정부의 적극적인 문화교류정책에도 불구하고 불란서에서의 독일문학에 대한 관심은 매우 저조하다. 현존 중진 이상

작가들의 작품은 거의 전부 번역 출판되었으나 심지어 크리스타 볼프의 작품까지도 별로 성공을 못하고 있는 실정이다. 어느 불란서 저명 출판인이 독일문학은 끝났다고 혹평할 정도라 한다. 그러나 다행히 엔젠스벨가, 폴카 브라운의 시집이 비교적 좋은 평가를 받고 있어 독일문학의 체면을 유지하고 있는 실정이다.

현재 불란서에서 발행되는 번역작품의 60%가 영어권 문학이며 그 다음이 스페인어권인 라틴아메리카의 문학이라 한다.

이태리에서는 특히 크리스타 볼프의 「카싼드라」가 여성운동가들 사이에서 선풍적인 반응을 일으켰다.

프라코의 파시즘에 오랫동안 시달렸던 스페인에서는 귄타 그라쓰의 작품이 계속 베스트셀러가 되어 있다. 그 외에도 한케, 베른하르트 등의 작품에 대한 관심도 대단하나 크리스타 볼프의 「카싼드라」에 대한 관심이 매우 냉담한 것은 특이하다. 엔젠스벨가는 시인으로서 보다 수필가로서 호평을 받고 있으며, 시인으로서는 폴카 브라운이 비교적 주목을 받고 있다.

이스라엘에서는 독일문학에 대한 관심이 두드러지며 대부분의 작품이 번역 출판되고 많이 애독되고 있다. 그 이유는 독일 출신의 이스라엘인이 많고 특히 유태인 대학살이라는 과거에 대한 경계심이 높기 때문일 것으로 짐작된다.

괴테, 쉴러 이후 토마쓰 만, 카프카, 헤르만 헤세까지의 기라성 같은 독일 대문호들 이후 독일 문학은 과거 나치청산의 시대적인 과제에 얽매이지 않을 수 없었으나 이제는 새로운 시대의 개막을 기다리고 있는 것이 오늘의 독일문학 현주소인 것 같다.

독일문학계에서는 괴테 탄생 250주년을 맞게 되는 1999년에는 '바이마르'시를 구라파 문화도시로 지정받고 독일문학의 재건을 기할 수 있는 계기를 삼고자 여러 가지에 걸쳐 많은 행사를 준비하고 있어 기대와 관심의 대상이 되고 있지만 과연 어떠한 작품들이 나올 것인지 지켜볼 일이다.

끝으로 특기할 것은 독일이 통일된 지 이미 7년이 경과하였지만 아직도 PEN클럽은 동, 서로 나누어져 있으며 통합이 쉽게 이루어지지 않고 있다. 지난 11월에는 과거 서독 PEN클럽이었던 독일 연방 PEN의 전임원이 사퇴하여 임시 총회에서 원로 독문학 교수인 콘라디 씨를 회장으로 선출하고 아울러 동부 독일 PEN과의 통합추진 전문위원을 선출하는 등 통합에 적극성을 보이고 있으나 통합이 지금까지도 쉽게 이루어지지 않는 이유 역시 쉽게 납득할 수 없는 독일문단의 문제점 중 하나가 아닌가 생각된다.

-《PEN 문학》 1997년 봄호

|발문|

독일에서 한국문학을 향한 향수와 염원

최종고 崔鍾庫

(서울대 명예교수, 시인, 국제펜클럽회원)

서정희 여사를 처음 알게 된 것은 수년전 서울의 독일문화원(Goethe-Institut)에서였다. 내가 쓴 『괴테와 다산, 통하다』를 한 권 드렸더니 후에 시집 『이 푸른 행성에 나들이 와서』를 주셨다. 서 여사가 번역가로서 구상, 김남조, 김종길, 문정희, 신달자 등의 시집과 이청준, 이승우의 장편소설을 독일어로 번역한 사실을 알고 있었지만, 시인으로서의 세계를 알지 못하고 있었는데 참으로 깊은 감동을 받았다. 50년에 이르도록 독일에 살면서도 고향 안동을 비롯한 고국산천과 한글문학에 대한 애정과 향수를 그대로 지니고 있음을 농축된 시어로 절절히 표현하고 있었다. 오랜 외국생활에도 한국어가 그대로 펄펄 살아있음이 놀랍고 감사하다. 그 후 펜클럽을 통하여 한독문학교류에 중요한 역할을 하고 있음도 알게 되었다.

이번에 내는『라인 강에서 띄우는 문학 산책』은 한국의 문학지에 수년 연재한 편지형식이다. 한독교류 120년사를 쓴 나도『한강에서 라인 강까지』라는 책제목을 붙였지만, 라인 강은 독일의 상징으로 한국인의 가슴 속에도 흐르고 있다. 1960년대의 파독광부와 간호원의 역사는 한국현대사의 한 편이 되었다. 그런데 그보다 오래고 깊은 뿌리를 가진 문학을 통한 한독관계는 누구도 총체적으로 정리하지 못하고 내려왔다. 이런 터에 본서가 독일에서 직접 보고 느낀 문학 얘기를 담은 것은 매우 뜻있는 일이다. 라인 강물처럼 독일문학의 면모를 깊이 있고 유려하게 소개하고 한국독자와 마음의 대화를 하는 것은 아름다운 풍경이다.

본서는 크게 '라인 강에서 띄우는 편지' 18편에 괴테와 헤르만 헷세, 넬리 작스(Nelly Sachs)를 심도 깊게 소개하고, 독일 속의 한국문학을 역사적으로 검토하고 있다. 그러나 괴테를 단순히 소개하는 것이 아니라 안나 아말리아(Anna Amalia)라는 바이마르 공국 모후이자 문화 후견인과 연결시켜 어떻게 작은 나라가 문화대국이 될 수 있는가를 차근차근 천착하고 있다. 그것을 한국 독자에게 알려주고 싶어 편지를 열심히 띄웠던 것이다.

한국에 별로 알려지지 않은 넬리 작스라는 노벨상 수상 여성작가 소개에서 유대민족의 고난을 충실히 증언한 작품으로 평생을 바친 사실을 조명한다. 저자는 노벨상은 작품에 주는 것이 아니라 작가에게 준다고 지적한다. 2천년 세계를 떠돌던 유대인이 노벨상을 포함하여 세계를 움직이는 힘으로 부활한 사실을 한국인이 특별히 명심하도록 강력 시사하고 있다. 넬리의 시 3편을 윤이상이 작곡하였다는 사실도 암시적으로 지적한다. 독일의 노벨상 수상자들의 소개를 보면 거기에는 몸젠 같은 역사가, 오이켄 같은 철학자도 포함되어 있는데, 한국도 독일의 '작가'(Schriftsteller)라는 개념과 비교해 더 확장되어야 함을 시사하고 있다.

2부 독일 속의 한국문학과 한독문학교류사는 충분히 서술하려면 또 한 권의 책이 될 거제이다. 그것은 학자의 몫으로 돌린다 하더라도 본서에서 그 골자를 지적하고 있다. 나도 이 방면에 다소 관심을 가져 보니 여간 흥미 있는 주제가 아니다. 한두 가지만 첨언하고자 한다.

1923년에 베를린대학 박사과정생인 이극로가 한국어 강좌를 개설하고 3년간 강의하였는데, 그 교재를 춘원 이광수의 『허생전』으로 하였다. 춘원은 연암 박지원의 『열하일기』에서 허생의 부분을 한글 소설화 했는데, 친구인 이극로가 이것을 독일어로 번역하여 교재로 삼고 한독대역으로 『동양언어학부지』(Mitteilungen des Seminars fur Orientalische Sprache, Jg.30, Berlin, 1927) 제30호에 수록한 사실은 무척 아름다운 스토리이다. 일제강점기여서 이극로는 한글 활자를 상하이로부터 어렵게 조달하였다. 이극로가 떠난 후에는 철학과의 강세형姜世馨이 담당하였다. 미트보흐(Eugen Mitwoch) 학장도 감사의 글을 실었다. 『허생전』은 『한 한국학자의 생애』(Aus dem Leben eines koreanischen Gelehrten)라고 번역되었다. 이 텍스트는 오늘날도 교재로 쓸 수 있을 것 같다.

해방 후 한국을 처음 방문한 독일작가로는 저 유명한 괴테 전기가(Goethe-Biographer) 프리덴탈(Richard Friedenthal)일 것이다. 그는

1957년 일본 동경에서 열린 국제펜대회에 참석하였다가 한국정부의 초청으로 일주일간 서울로 날아와 이승만 대통령을 접견하고, 이미륵의 누님과 강세형 박사를 만났다. 서정희 여사가 본서에서 서술하고 있는 이미륵의 발자취가 이렇게 확대 연결되는 것이다. 프리덴탈의 이미륵과의 우정은 세월이 흘러도 극동여행의 바쁜 일정에서도 나타났던 것이다. 모윤숙, 곽복록, 김정진 교수 등 펜클럽 회원들이 그를 극진히 대접하였고, 그는 돌아가 「한국인상기」를 남겼다. 나는 이에피소드를 작년 세계한글작가대회에 초대된 독일 펜클럽 총무 벤스케(Regula Venske) 여사에게도 얘기하여 독일문학문고(Deutsches Literatur-Archiv)에 있는 당시의 문서를 추적하고 있다. 이처럼 문학을 통한 한독교류는 지금도 라인 강물처럼 계속 흐르고 있는 것이다.

한국인과 독일인의 문화적 차이에도 불구하고 공통적인 것도 있다. 나는 『괴테와 다산, 통하다』에서 역사적, 문화적 차이를 넘어 위대한 인간은 공통점이 많다는 사실을 추적하였다. 우리가 이제 지구상에서 영어, 독일어를 쓰든 한글을 쓰든 과거보다 훨씬 더 쉽게 소통하고 나누고 있다. 어느 면에서는 언어의 장벽이 문제가 되지 않는다. 무엇을 생각하고 작품화 하느냐가 중요하다. 한글작품도 많이 외국어로 번역되고 있다. 문제는 작품을 영어, 독어로 번역해 세계무대에 올려놓았을 때 어떻게 주목되고 평가되느냐이다. 어떻게 보면 우리의 기량을 적나라하게 도마대 위에 올려놓는 것이다. 우리는 어차피 소수자의 길, 좁은 문을 걸어가고 있는 것이다. 경륜이 있는 서 여사의 서두르지 말고 좋은 작가가 되기 위해 정진하라는 충고는 지당하다고 생각한다. "뛰어난 문학은 단지 그 나라만의 재산에 속하지 않는 세계적 재보이다"라는 괴테의 말로 끝맺는 것도 한국문학에의 염원을 담고 있는 호소라고 생각한다. 1950-60년대에 펜클럽 사무총장을 맡았던 독문학자 곽복록(1922-2011) 교수의 유고를 모아 『독일과 한국 사이: 체험과 증언』(유로, 2012)을 편찬하면서도 이런 생각을 많이 했는데, 서정희 여사의 육성을 듣는 것 같은 본서가 또한 한국문학과 세계문학을 현실적 과제로 논의하는 오늘 중요한 지침서가 될 수 있을 것이다. 앞으로도 계속 많은 사연을 띄워 한독간의 교량(Brückenschlag) 역할을 풍부하게 해주시기를 기원한다.

소피아 서정희
라인 강에서
띄우는 **문학 산책**

초판인쇄 | 2016년 9월 9일
초판발행 | 2016년 9월 13일

지은이 | 서 정 희
펴낸이 | 이 상 문
펴낸곳 | (사)국제펜클럽한국본부

주 소 | 서울특별시 영등포구 국회대로 76길 18 1105호
(여의도동 오성빌딩) 국제PEN한국본부

전 화 | 02)782-1337, 063)275-4000
제작 · 인쇄 | 신아출판사
E-mai | sina321@hanmail.net, inmun2013@hanmail.net

값 12,000원

ISBN 979-11-5605-363-7 03810

이 도서의 국립중앙도서관 출판시도서목록(CIP)은 서지정보유통지원시스템 홈페이지(http://seoji.nl.go.kr)와 국가자료공동목록시스템(http://www.nl.go.kr/kolisnet)에서 이용하실 수 있습니다.(CIP제어번호: CIP2016022128)